财经类院校成人高等教育实训系列教材

U0652825

FINANCIAL
ACCOUNTING

中级财务会计实训教程

瞿晓龙 编著

人民邮电出版社

北 京

图书在版编目（CIP）数据

中级财务会计实训教程 / 瞿晓龙编著. -- 北京：
人民邮电出版社，2017.7
财经类院校成人高等教育实训系列教材
ISBN 978-7-115-45252-8

Ⅰ. ①中… Ⅱ. ①瞿… Ⅲ. ①财务会计－成人高等教
育－教材 Ⅳ. ①F234.4

中国版本图书馆CIP数据核字(2017)第057592号

内 容 提 要

本书为财经类院校成人高等教育实训系列教材中的一部，共8章，包含19项会计实训。书中各项会计实训资料均来源于真实的工业企业，从接受直接投资、发行股票、发行债券，到购建厂房、设备、无形资产，再购买原材料、组织生产、成本核算、实现销售，最后结转利润、上缴税费，相关原始凭证、记账凭证、账簿乃至财务报表都最大限度地再现了会计实务原貌，涵盖中级财务会计课程主要内容。全书按照《企业会计准则》的要求，对学生进行系统性的训练，突出了系统性强、仿真性强和可操作性强的"三强"特点。本书适合会计学、财务管理、审计学等专业的中级财务会计课程的实训教学，也可作为会计人员的岗位培训教材，能够提高学员实战能力，使学员尽可能缩短"工作磨合期"，尽快适应会计岗位、独立开展会计工作。

◆ 编　著　瞿晓龙
　　责任编辑　王　平
　　责任印制　沈　蓉　彭志环
◆ 人民邮电出版社出版发行　北京市丰台区成寿寺路 11 号
　　邮编　100164　电子邮件　315@ptpress.com.cn
　　网址　http://www.ptpress.com.cn
　　北京市艺辉印刷有限公司印刷
◆ 开本：787×1092　1/16
　　印张：23.5　　　　　　　2017 年 7 月第 1 版
　　字数：377 千字　　　　　2017 年 7 月北京第 1 次印刷

定价：59.00 元

读者服务热线：(010)81055256　印装质量热线：(010)81055316
反盗版热线：(010)81055315

前　言

随着我国市场经济的发展和企业管理水平的不断提高，社会对会计从业人员的业务素质、业务能力和业务水平的要求也越来越高。会计专业的学生要尽可能缩短"工作磨合期"，快速适应会计岗位，能够独立地开展会计业务工作。参加成人高等教育的学生以自学为主，面授时间相对较短，初涉会计的学生对中级财务会计实务缺乏全面的了解，使得中级财务会计的教学效果受到一定影响。为增强学生对中级财务会计理论与方法的理解，掌握较为全面的会计实务，弥补面授时间的局限性，使学生更好地胜任会计实务，增强对学生业务学习的指导，我们编写了《中级财务会计实训教程》。

本书为财经类院校成人高等教育实训系列教材中的一部，共 8 章，包含 19 项会计实训，为与后续实训教材协调，对成本核算内容作了弱化处理。全书以工业企业为例，突出了系统性强、仿真性强和可操作性强的"三强"特点。一、系统性强。本书涵盖中级财务会计课程主要内容，按照《企业会计准则》的要求，对学生进行系统性的训练。二、仿真性强。各项会计实训资料来源于真实的工业企业，原始凭证、记账凭证、账簿乃至财务报表都最大限度地展现了会计实务原貌，有利于学生全业务锻炼。三、可操作性强。本书所列业务除提供相应原始凭证外，均有必要说明，方便学生理解与操作。

本书在广西财经学院成人高等教育教材建设领导小组指导下，由瞿晓龙负责全书整体框架、内容的设计与编写。

本书适合会计学、财务管理、审计学等专业的中级财务会计课程的实训教学，也可作为会计人员的岗位培训教材。

由于编者水平有限，书中难免存有错漏，恳请专家、读者指正。

编　者
2016 年 12 月

目　　录

第1章 筹资核算

实训1 接受投资

一、实训目的

通过实训，学生能够熟悉企业筹资活动中有关接受投资的主要业务内容，熟知接受投资的流程及各类文书、凭证，熟练掌握相关会计核算相关处理。

二、实训资料

（一）接受现金投资

1. 南宁资产管理有限责任公司协议注资邕江机械厂 100 万元人民币。

投资协议书

投资单位（甲方）：南宁资产管理有限责任公司

接受单位（乙方）：邕江机械厂

……

经双方友好协商达成如下协议。

1. 投资额：人民币壹佰万元整。
2. 甲方出资后占乙方新注册资本 5%份额。
3. 甲方应于 2016 年 12 月 8 日前向乙方出资。
4. 在投资期限内甲方不得抽回投资。
5. 在投资期限内乙方应按利润分配规定支付甲方利润。

……

甲方：南宁资产管理有限责任公司
地址：南宁市民族大道 1 号
账户：888888888888
开户银行：中国工商银行民族支行
甲方代表签字：韦金
日期：2016 年 11 月 15 日

乙方：邕江机械厂
地址：南宁市邕江路 1 号
账户：123456789000
开户银行：北部湾银行邕江支行
乙方代表签字：柏费景
日期：2016 年 11 月 15 日

2. 邕江机械厂收到开户行收账通知。

北部湾银行 **进账单**（回单或收账通知）

2016 年 12 月 1 日

收款人	全称	邕江机械厂	付款人	全称	南宁资产管理有限责任公司
	账号或地址	123456789000		账号或地址	888888888888
	开户银行	北部湾银行邕江支行		开户银行	中国工商银行民族支行

人民币（大写）：壹佰万元整		千	百	十	万	千	百	十	元	角	分
		¥ 1	0	0	0	0	0	0	0	0	0

票据种类	转账支票	收款人开户银行盖章
票据张数	1	北部湾银行邕江支行
单位 主管会计 复核 记账		2016.12.01 办讫

（二）接受存货投资

1. 南宁橡胶厂以轮胎出资。

投资协议书

投资单位（甲方）：南宁橡胶厂

接受单位（乙方）：邕江机械厂

……

经双方友好协商达成如下协议。

一、甲方向乙方实物出资，轮胎 2000 套，折合人民币壹佰万元。

二、甲方出资后占乙方新注册资本 5%份额。

三、甲方须在 2016 年 12 月 8 日前向乙方出资。

……

甲方：南宁橡胶厂
地址：南宁市工业路 1 号
账户：6666666666666
开户银行：工商银行江南支行
甲方代表签字：黄金徐同专用章
日期：2016 年 11 月 16 日

乙方：邕江机械厂
地址：南宁市邕江路 1 号
账户：123456789000
开户银行：北部湾银行邕江支行
乙方代表签字：柏费景
合同专用章
日期：2016 年 11 月 16 日

2. 邕江机械厂收到南宁橡胶厂开来增值税发票。

广西增值税专用发票

450007415　　　　　　№0033565

机器编号：889904545455　　　　　　　　开票日期：2016 年 12 月 1 日

购货单位	名　　　称：	邕江机械厂					密码区	78>>89*|-912568-+0153|*5681 35-|*0413 加密版库：0100121=|*451<4563*|15-185 *|01-+15157
	纳税人识别号：	45010254689777						
	地址、电话：	南宁市邕江路 1 号 0771-3353001						
	开户行及账号：	北部湾银行邕江支行 123456789000						

货物或应税劳务名称	规格型号	单位	数量	单价	金额	税率	税额
轮胎	28	套	2000	500	1000000	17%	170000
合计					¥1000000		¥170000

价税合计（大写）	⊗壹佰壹拾柒万元整　　（小写）¥1170000.00

销货单位	名　　　称：	南宁橡胶厂	备注	南宁橡胶厂 45010254689799 发票专用章
	纳税人识别号：	45010254689799		
	地址、电话：	南宁市工业路 1 号 0771-5535001		
	开户行及账号：	中国工商银行江南支行 666666666666		

收款人：刘蓓　　　复核：赵芸　　　开票人：张菲　　　销货单位：（章）

3. 邕江机械厂仓库验收轮胎，填制验收入库单。

收 料 单

材料科目：原材料　　　　　　　　　　　　　　　　编号：001
材料类别：部件　　　　　　　　　　　　　　　　　收料仓库：2 号
供应单位：南宁橡胶厂　　　　2016 年 12 月 1 日　　发票号码：000001

材料编号	材料名称	规格	计量单位	数量		实际价格				计划价格	
				应收	实收	单价	发票金额	运费	合计	单价	金额
101	轮胎	28	套	2000	2000	500	1000000		1000000	500	1000000
合计									1000000		1000000
备注											

采购员：赵龙　　　检验员：肖明　　　记账员：张杰　　　保管员：王小毛

（三）接受固定资产投资

1. 南宁康宁公司以生产线出资。

投资协议书

投资单位（甲方）：南宁康宁公司

接受单位（乙方）：邕江机械厂

......

经双方友好协商达成如下协议：

一、甲方向乙方转让 A 型生产线一条，折合人民币壹佰万元。

二、甲方出资后占乙方新注册资本 5%份额。

三、甲方须在 2016 年 12 月 8 日前向乙方出资。

......

甲方：南宁康宁公司	乙方：邕江机械厂
地址：南宁市民族大道 88 号	地址：南宁市邕江路 1 号
账户：77777777777	账户：12345678900
开户银行：中国工商银行民族支行	开户银行：北部湾银行邕江支行
甲方代表签字：赖世清	乙方代表签字：柏费景
日期：2016 年 11 月 日	日期：2016 年 11 月 日

2. 南宁康宁公司提供的云方会计师事务所出具的资产评估报告。

资产评估报告表

委托单位：南宁康宁公司　　评估时间：2016 年 11 月 11 日

金额单位：万元

编号：0001

序号	资产名称及规格	产地	计量单位	数量	购置时间	开始折旧时间	账面价值			评估价值				差异	
							原值	已提折旧	净值	重置价值	折旧年限	折旧额	净值	净值增减额	净值增减率
1	A 型生产线	南宁	条	1	2013.12	2014.1	120	10	110	110	5	10	100	-10	-9%

评估单位：云方会计师事务所　　评估人：苏三　　评估负责人：洪洞

3. 生产部验收 A 型生产线，填制投入固定资产验收单。

投入固定资产验收单

金额单位：万元

2016 年 12 月 1 日　　　　　　　　　　　　　　　第 1 号

固定资产名称	规格	单位	数量	预计使用年限	尚可使用年限	投出单位账面价值			评估净值	备注
						原值	已提折旧	净值		
生产线	A 型	条	1	5	4	120	10	110	100	无需安装
投资人				南宁康宁公司						

负责人：金龙玉　　　　　　　经办人：鲁花

（四）接受无形资产投资

1. 南宁建宁公司以生产线出资。

投资协议书

投资单位（甲方）：南宁建宁公司

接受单位（乙方）：邕江机械厂

......

经双方友好协商达成如下协议：

一、甲方向乙方转让"邕江"商标，折合人民币壹佰万元。

二、甲方出资后占乙方新注册资本 5%份额。

三、甲方须在 2016 年 12 月 8 日前向乙方出资。

......

甲方：南宁建宁公司

地址：南宁市民族大道 66 号

账户：5555555555

开户银行：中国工商银行民族支行

甲方代表签字：

日期：2016 年 11 月 18 日

乙方：邕江机械厂

地址：南宁市邕江路 1 号

账户：123456789200

开户银行：北部湾银行邕江支行

乙方代表签字：赖晚景

日期：2016 年 11 月 18 日

2. 南宁建宁公司提供的云方会计师事务所出具的资产评估报告。

资产评估报告

......

受南宁建宁公司委托，于评估基准日，对南宁建宁公司持有的"邕江"商标进行评估。经评估，南宁建宁公司持有的"邕江"商标价值人民币壹佰万元。

......

评估师：

中国注册资产评估师	中国注册资产评估师
慕容洋	苏午
22542235	22542151

云方会计师事务所

2016 年 11 月 12 日

3. 邕江机械厂委托广西中圣知识产权代理有限公司办理商标过户手续，支付相关手续费。

北部湾银行转账支票存根

支票号码　000001

科目　

对方科目　

签发日期贰零壹陆年壹拾贰月零壹日

收款人：广西中圣知识产权代理有限公司
金额：¥5000.00
用途：商标代理过户
备注：

单位主管 黄士清　会计 卢珍珍

4. 收到广西中圣知识产权代理有限公司发票。

广西南宁市服务业发票 发票代码：452155307

发票号码：123456

客户名称：邕江机械厂

服 务 项 目	单位	数量	单价	金额					
					千	百	十	元	角	分
商标代理过户费				满万元无效 ¥	5	0	0	0	0	0
金额（大写）伍仟元整					5	0	0	0	0	0

开票单位：（未盖章无效）　　　　开票人：程利　　　　收款人：卢琳

（五）接受捐赠

1. 邕江机械厂接受南宁电视机厂捐赠液晶电视机一台。

广西增值税普通发票

45401274255

№0055566

机器编号：889904545456　　　　　　　　　　　开票日期：2016 年 12 月 3 日

购货单位	名 称：	邕江机械厂				密码区	88>>89*|-912568-+0153|*5 68135-|*0412 加密版本：0100121=||*451<4563*|15-1 85*|01-+15157		
	纳税人识别号：	45010254689777							
	地址、电话：	南宁市邕江路 1 号 0771-3353001							
	开户行及账号：	北部湾银行邕江支行 123456789000							
货物或应税劳务名称	规格型号	单位	数量	单价	金额	税率	税额		
液晶电视机	60 寸	台	1	6000	5128.21	17%	871.79		
合计									
价税合计（大写）	⊗陆仟元整　（小写）¥6000.00								
销货单位	名 称：	南宁电视机厂				备注			
	纳税人识别号：	45010254689777							
	地址、电话：	南宁市文化路 1 号 0771-5535001							
	开户行及账号：	中国工商银行民族支行 444444444444							

收款人：张宇　　　复核：徐桂英　　　开票人：孙倩　　　销货单位：（章）

2. 厂办填制固定资产验收单。

固定资产验收交接单

保管使用单位：厂办   2016 年 12 月 3 日   No.01

固定资产名称	型号规格	计量单位	数量	金额	制造工厂
液晶电视机	50 寸	台	1	6000.00	南宁电视机厂
订购日期	12.03	批准支出金额		附属设备情况	
到公司日期	12.03	可使用年限	5	固定资产管理部门意见	同意接收，交厂办使用
业务部参加验收意见	同意接收。王正 12.03		使用（保管）验收签证		12.03

主管：金龙玉   经办人：鲁花

三、实训要求

1. 根据实训资料填制记账凭证。
2. 将原始凭证按会计基础工作规范要求处理，附在记账凭证后面。
3. 根据记账凭证登记明细账。

实训 2 银 行 借 款

一、实训目的

通过实训，学生能够熟悉企业筹资活动中有关银行借款的主要业务内容，熟知银行借款的流程及各类文书、凭证，熟练掌握借款、付息、还本等会计核算。

二、实训资料

（一）短期借款

1. 邕江机械厂 2016 年 10 月 4 日从北部湾银行取得生产用流动资金。

企业流动资金借款凭证 (第四联代贷款通知)

借款单位：邕江机械厂　　　　　　　2016 年 10 月 4 日　　　　　　　第 250 号

贷款种类	流动资金贷款		贷款账号	450123456789	存款账号	123456789000									
借款金额	人民币（大写）伍拾万元整						百	十	万	千	百	十	元	角	分
							¥	5	0	0	0	0	0	0	0
借款用途及原因	生产用流动资金		还款日期	2016 年 12 月 4 日											

兹向你行借上列款项，到期由我单位主动归还或从单位存款账户中扣收，我单位愿遵守建设银行贷款办法的各项规定。

借款单位盖章
（留存预留印鉴）

柏费景印

上述借款，根据 17 号合同，月息 5‰，每月付息。

经办人意见：同意。韦山山
业务负责人意见：同意。袁贵平
主管行长意见：同意。梁忠和
2016 年 12 月 4 日

北部湾银行邕江支行
业务部门签章
2016.10.04
受理

记账　　年　　月　　日
会计　　复核　　记账

2. 2016 年 11 月 30 日计提利息。

应付利息计算表

2016 年 11 月 30 日

贷款银行	借款种类	借款金额	月利率	利息
北部湾银行	短期	500000.00	5‰	2500.00
合计				2500.00

审核：黄土清　　　　　　　　　　　　　　制单：卢珍珍

3. 2016 年 12 月 4 日支付利息，归还本金。

业务收费凭证

币种：人民币   2016 年 12 月 4 日   流水号：001

付款人邕江机械厂			账号 123456789000		
项目名称	工本费	手续费	电子汇划费		金额
银行结算手续费	0.00	100.00			100.00
金额（大写）人民币壹佰元整					100.00
付款方式					
业务类型：					

（盖章：北部湾银行邕江支行 2016.12.04 办讫）

计收（付）利息清单（付款通知）

2016 年 12 月 4 日

户名	邕江机械厂			
计息起止时间	2016 年 11 月 5 日至 2017 年 2 月 4 日			
存款账号	计息日积数	年利率		利息金额
123456789000	15000000.00	6%		2500.00

贵单位上述应偿借款利息已从贵单位账户划出。
复核：张雄   记账：覃兵

（盖章：北部湾银行邕江支行 2016.12.04 办讫）

北部湾银行流动资金还款凭证（回单）

2016 年 12 月 4 日

付款人	名称	邕江机械厂	借款人	名称	邕江机械厂
	存款账号	123456789000		贷款账号	450123456789
	开户分行	北部湾银行邕江支行		开户银行	北部湾银行邕江支行
计划还款日期	2016 年 12 月 4 日		还款次序	第 1 次还款	
借款金额	人民币（大写）伍拾万元整 ¥500000.00				
还款内容	两个月短期借款				
备注：		上述借款已从你单位往来账户内转还。此致 借款单位			
		银行盖章 2016 年 12 月 4 日			

（盖章：北部湾银行邕江支行 2016.12.04 办讫）

（二）长期借款

1. 邕江机械厂 2016 年 12 月 5 日从北部湾银行取得基建借款。

北部湾银行**借款借据**（收账通知）

借款单位：**邕江机械厂**　　　　2016 年 12 月 5 日　　　　　　第 13 号

贷款种类	**基建贷款**	贷款账号	450123456788				存款账号		123456789000						
借款金额	人民币（大写）壹佰万元整			万	千	百	十	万	千	百	十	元	角	分
				¥	1	0	0	0	0	0	0	0	0	0

借款用途及原因	**建造车间**	还款日期	2018 年 6 月 4 日

兹向你行借上列款项，到期由我单位主动归还或从单位存款账户中扣收，我单位愿遵守建设银行贷款办法的各项规定。

上述借款，根据 25 号合同，月息 5‰，每月付息。

经办人意见：**同意。韦山山**

业务负责人意见：**同意。袁贵平**

主管行长意见：**同意。梁忠和**

2016 年 12 月 5 日

北部湾银行邕江支行
业务部门签章
2016.12.05

受理

记账　　年　　月　　日
会计　　复核　　记账

2. 2016 年 12 月 31 日计提利息。

应付利息计算表

2016 年 12 月 31 日

贷款银行	借款种类	借款金额	月利率	利息
北部湾银行	长期	1000000.00	5‰	5000.00
合计				5000.00

审核：黄士清　　　　制单：卢珍珍

三、实训要求

1. 根据实训资料填制记账凭证。

2. 将原始凭证按会计基础工作规范要求处理，附在记账凭证后面。

3. 根据记账凭证登记明细账。

第 1 章　筹资核算

21

第2章 投资核算

实训3 对外投资

一、实训目的

通过实训，学生能够熟悉企业投资活动中向企业外部投资的主要业务内容，熟知金融资产、投资性房地产、长期股权投资等的业务流程及各类文书、凭证，熟练掌握相关账务处理。

二、实训资料

（一）金融资产

1. 邕江机械厂转账国海证券账户准备购买股票。

北部湾银行转账支票存根

支票号码　000101
科目　_____
对方科目　_____
签发日期贰零壹陆年壹拾贰月零伍日

收款人：	邕江机械厂
金额：	¥200000.00
用途：	购买股票
备注：	

单位主管 黄士清　会计 卢珍珍

国海证券营业部（银行转存）凭证

2016 年 12 月 5 日

收款人	全称	邕江机械厂	付款人	全称	邕江机械厂							
	账号或地址	168168168168		账号或地址	123456789000							
	开户银行	工行证券公司办事处		开户银行	北部湾银行邕江支行							

人民币（大写）：贰拾万元整	千	百	十	万	千	百	十	元	角	分
		¥	2	0	0	0	0	0	0	0

票据种类	转账支票	收款人开户银行盖章：
票据张数	1	中国工商银行 证券公司办事处 2016.12.05 转讫
单位　　主管会计　　复核　　记账		

2. 邕江机械厂转账国海证券购买债券准备持有到期。

北部湾银行转账支票存根

支票号码　000103

科目　_____

对方科目　_____

签发日期贰零壹陆年壹拾贰月零陆日

| 收款人：国海证券 |
| 金额：¥105080.00 |
| 用途：购买债券 |
| 备注： |

单位主管 黄士清　会计 卢珍珍

（买）

中央登记结算公司

成交过户交割单		2016 年 12 月 6 日		③通知联
股东编号	C00386	成交证券	茂炼转债	
电脑编号	110	成交数量	100	
公司名称	邕江机械厂	成交价格	1050	
申报编号	253	成交金额	105000.00	
申报时间	11:12:01	佣金		
成交时间	11:12:06	过户费	50	
上次余额	0 （手）	印花税	30	
本次成交	10 （手）	应收金额	105080.00	
本次余额	10 （手）	附加费用		
本次库存	10 （手）	实收金额		

经办单位：国海证券　　　　　　　　　　客户签章：

国海证券营业部　　No.01201

委托书　　合同号：1120

资金账号：168168168　　　　　　　　　　证券账号：A00051

委托人：邕江机械厂　　　2016 年 12 月 1 日

证券名称	股数与面额	限价	有效期间	附注	委托方式
茂炼转债	100	1060	2016 年 12 月 7 日前		当面委托

营业员签章：邓永华　　　　　　　　　　委托人签章：黄士清

3. 邕江机械厂购入河北钢铁股票。

⭕买

中央登记结算公司

成交过户交割单　　　　　　　　　2016 年 12 月 7 日　　　　　　　③通知联

股东编号	B00386	成交证券	河北钢铁
电脑编号	115	成交数量	10000
公司名称	邕江机械厂	成交价格	4 元
申报编号	5541700	成交金额	40000.00 元
申报时间	13:43:02	佣金	80.00
成交时间	13:45:54	过户费	
上次余额	100000	印花税	
本次成交	10000	应付金额	40080.00
本次余额	110000	附加费用	
本次库存	110000	实收金额	

经办单位：国海证券　　　　　　　　　　　客户签章：

4. 邕江机械厂卖出河北钢铁股票。

⭕卖

中央登记结算公司

成交过户交割单　　　　　　　　　2016 年 12 月 9 日　　　　　　　③通知联

股东编号	B00386	成交证券	河北钢铁
电脑编号	135	成交数量	10000
公司名称	邕江机械厂	成交价格	5 元
申报编号	5541700	成交金额	50000.00 元
申报时间	14:38:01	佣金	80.00
成交时间	14:40:24	过户费	
上次余额	110000	印花税	50.00
本次成交	10000	应付金额	49870.00
本次余额	100000	附加费用	
本次库存	100000	实收金额	

经办单位：国海证券　　　　　　　　　　　客户签章：

（二）投资性房地产

邕江机械厂购入标准厂房。

厂房买卖合同

（买卖合同编号：0001）

合同立协双方：

卖方（以下简称甲方）：南宁市振宁公司

买方（以下简称乙方）：邕江机械厂

根据《中华人民共和国合同法》的有关规定，甲、乙双方遵循自愿、公平和诚实信用的原则，经协商，就乙方向甲方购买标准厂房和使用配套场地达成如下协议，以资共同遵守。

一、基本情况

1. 乙方购买甲方坐落在南宁市邕江区（县）邕江路 2 号厂房一层，厂房建筑面积 1000 平方米，并配套场地 0 平方米，按房产证为准。

2. 土地使用权限为 50 年，自 2015 年 12 月 1 日到 2065 年 11 月 30 日止，实际年限按产权证。

3. 厂房区域东侧在邕江路2号 80 米内、南侧到邕江路一支路 30 米内、西侧到开发路 30 米内、北侧到邕江路二支路 30 米内。

二、厂房价格及其他费用

1. 厂房价格每平方米人民币叁仟元，总价（含土地价格）人民币叁仟万元。

2. 土地使用税费按国家有关规定由甲方每年支付给有关部门。

3. 乙方在甲方园区内的物业管理费每年人民币壹拾万元。

三、付款方式、期限及交房期

1. 厂房总价分两次付清，签约日乙方支付定金人民币叁佰万元（大写）。

（1） 2016 年 12 月 10 日前甲方把厂房通过有关部门验收合格后交付乙方使用，同时乙方在收到甲方厂房后支付人民币贰仟万元；

（2）其余房款应在甲方办妥相关产权交易后（以产权交易中心核发产权证之日为准）6 日内一次性付清，在办理中产生的契税由乙方负责。

2. 以上付款以转账或现金方式支付均可，逾期交款处以滞纳金，滞纳金按银行同期利息的二倍执行，如乙方逾期超过三个月不付款，甲方有权终止合同，并要求乙方赔偿违约金给甲方，违约金按厂房和土地总价的 10%计；若甲方不能办理土地、房产二证，或将土地、厂房抵押给任何第三方，则售房合同无效，甲方无条件全额退还乙方所有的购房款，并按厂房和土地总价 10%支付给乙方作为违约金。

四、其他规定

1. 甲方在办理好产权证后再给乙方协助办理产权过户手续，在办理中发生的所有费用契税、工本费等由乙方负责支付。

2. 乙方所购产权房可以自由转让或出租给其他方营业，但必须通知管理方，受让或承租方企业可以以本厂房地址进行工商注册。

3. 厂房内土地属批租，厂区内按现有的设施配套使用给乙方，未经有关部门同意，不得擅自搭建简易棚及房屋，甲方须协助乙方办理搭建必备的简易棚手续。

4. 乙方所购房屋不得拆除，不得在其中举办高污染、高用电量的项目。

5. 乙方在所购房屋内组织生产、经营或生活，必须遵纪守法，恪守管理制度，照章纳税，按其交付各项规定费用。

6. 乙方使用的用电和用水增容量由乙方提出申请，甲方予以协助办理，增容费由乙方向有关部门按规定交纳。

7. 本合同未尽事宜由双方协商补充确定，与本合同具有同等法律效力。

8. 甲方在完成售房的全过程后，则乙方有权支配和使用该厂房，甲方无权干涉。

9. 本厂房的质量保修期为交付后一年内有效。

五、本合同主体及责任

1. 甲方：南宁市振宁公司　法定代表人：张权　委托代理人：张舒

2. 乙方：邕江机械厂　　　法定代表人：柏费景　委托代理人：黄静（甲、乙双方所系法定代表人，具有连带及担保责任）

六、本合同经双方代表签字或盖章后生效，本合同一式四份，甲、乙双方和执一份，房产管理局和公证处各执一份。

甲方：南宁市振宁公司

代表（签名盖章）：张弛

电话：07713303111

签约日期：2015 年 12 月 7 日

乙方：邕江机械厂

代表（签名盖章）：黄静

电话：07713335300

签约地址：南宁市

北部湾银行转账支票存根

支票号码　000105

科目 _____

对方科目 _____

签发日期贰零壹陆年壹拾贰月零叁日

| 收款人：南宁市振宁公司 |
| 金额：¥3000000.00 |
| 用途：标准厂房定金 |
| 备注： |

单位主管 黄士清　会计 卢珍珍

北部湾银行转账支票存根

支票号码　000115

科目 _____

对方科目 _____

签发日期贰零壹陆年壹拾贰月零壹拾日

| 收款人：南宁市振宁公司 |
| 金额：¥20000000.00 |
| 用途：购买标准厂房 |
| 备注： |

单位主管 黄士清　会计 卢珍珍

（三）长期股权投资

1. 邕江机械厂对兴宁租赁公司以工程车实物出资，占其注册资本 10%。

投资协议书

投资单位（甲方）：邕江机械厂
接受单位（乙方）：兴宁租赁公司

……

经双方友好协商达成如下协议：

一、甲方向乙方实物出资，工程车 5 台，合计人民币壹佰万元。
二、甲方出资后占乙方注册资本 10%份额。
三、甲方须在 2016 年 12 月 10 日前向乙方出资。

……

甲方：邕江机械厂
地址：南宁市邕江路 1 号
账户：123456789000
开户银行：北部湾银行邕江支行
甲方代表签字：柏费景
日期：2016 年 12 月 8 日

乙方：兴宁租赁公司
地址：南宁市工业路 10 号
账户：5555555555555
开户银行：中国工商银行江南支行
乙方代表签字：邓变
日期：2016 年 12 月 8 日

广西增值税专用发票

450007400      №0055555

机器编号：889904545457   开票日期：2016 年 12 月 8 日

购货单位	名称：	兴宁租赁公司						密码区	98>>89*|-912568-+0153|*568135-|*04 13 加密版本：0100121=|*451<4563*| 15-185 *|01-+15150		
	纳税人识别号：	45010254689000									
	地址、电话：	南宁市工业路 10 号									
	开户行及账号：	中国工商银行江南支行 555555555555									
货物或应税劳务名称	规格型号	单位	数量	单价	金额	税率	税额
工程车	10T	台	5	200000	1000000	17%	170000
合计					¥1000000		¥170000
价税合计（大写）		⊗ 壹佰壹拾柒万元整	（小写）¥1170000.00				

销货单位	名称：	邕江机械厂
	纳税人识别号：	45010254689777
	地址、电话：	南宁市邕江路 1 号 0771-3353001
	开户行及账号：	北部湾银行邕江支行 123456789000

销货单位（章）

收款人：李娜   复核：张强   开票人：张茜

税总函（2014）123 号广西印刷厂

第四联：记账联 销货方记账凭证

2. 邕江机械厂对北部湾机电市场出资 20 万元，占其注册资本 5%。

北部湾银行转账支票存根

支票号码　000125

科目　_____

对方科目　_____

签发日期贰零壹陆年壹拾贰月零壹拾日

| 收款人：北部湾机电市场 |
| 金额：¥200000.00 |
| 用途：投资 |
| 备注： |

单位主管 黄士清　会计 卢珍珍

投资协议书

投资单位（甲方）：邕江机械厂

接受单位（乙方）：北部湾机电市场

……

经双方友好协商达成如下协议：

一、甲方向乙方人民币贰拾万元。

二、甲方出资后占乙方注册资本 5% 份额。

三、甲方须在 2016 年 12 月 10 日前向乙方出资。

……

甲方：邕江机械厂	乙方：北部湾机电市场
地址：南宁市邕江路 1 号	地址：南宁市工业路 18 号
账户：123456789000	账户：66666666600
开户银行：北部湾银行邕江支行	开户银行：中国工商银行江苏支行
甲方代表签字：白贵荣	乙方代表签字：张秀青
日期：2016 年 12 月 8 日	日期：2016 年 12 月 8 日

三、实训要求

1. 根据实训资料填制记账凭证。

2. 将原始凭证按会计基础工作规范要求处理，附在记账凭证后面。

3. 根据记账凭证登记明细账。

实训4 对内投资

一、实训目的

通过实训，学生能够熟悉企业投资活动中内部投资的主要业务内容，熟知固定资产、无形资产的增加、减少的流程及各类文书、凭证，熟练掌握相关会计核算处理。

二、实训资料

（一）固定资产

1. 邕江机械厂购入注塑机。

北部湾银行电汇凭证

币别：人民币　　　　　　　　　2016 年 12 月 8 日　　　　　　　流水号：8854440

<table>
<tr><td colspan="2">汇款方式</td><td colspan="2">☑ 普通</td><td colspan="2">☐ 加急</td><td colspan="8"></td></tr>
<tr><td rowspan="3">汇款人</td><td>全　称</td><td colspan="3">邕江机械厂</td><td rowspan="3">收款人</td><td>全　称</td><td colspan="8">柳州注塑机厂</td></tr>
<tr><td>账　号</td><td colspan="3">123456789000</td><td>账　号</td><td colspan="8">56894514455888</td></tr>
<tr><td>汇出行名称</td><td colspan="3">北部湾银行邕江支行</td><td>汇入行名称</td><td colspan="8">工行柳州五一办</td></tr>
<tr><td rowspan="2">金额</td><td colspan="5">（大写）肆万陆仟捌佰元整</td><td>亿</td><td>千</td><td>百</td><td>十</td><td>万</td><td>千</td><td>百</td><td>十</td><td>元</td><td>角</td><td>分</td></tr>
<tr><td colspan="5"></td><td></td><td></td><td></td><td>¥</td><td>4</td><td>6</td><td>8</td><td>0</td><td>0</td><td>0</td><td>0</td></tr>
<tr><td colspan="4">汇划日期：
汇出行号：
汇款人地址：
收款人地址：</td><td colspan="12">支付密码

附加信息及用途：
北部湾银行邕江支行
2016.12.08
办讫

客户签章</td></tr>
<tr><td colspan="16"></td></tr>
</table>

汇票流水号：
原凭证种类：
原凭证金额：

北部湾银行业务收费凭证

币种：人民币　　　　　　　　　2016 年 12 月 8 日　　　　　　　流水号：4506044

<table>
<tr><td colspan="2">付款人邕江机械厂</td><td colspan="3">账号 123456789000</td></tr>
<tr><td>项目名称</td><td>工本费</td><td>手续费</td><td>电子汇划费</td><td></td><td>金额</td></tr>
<tr><td></td><td>0.00</td><td>0.50</td><td>10.00</td><td></td><td>10.50</td></tr>
<tr><td></td><td></td><td></td><td></td><td></td><td></td></tr>
<tr><td></td><td></td><td></td><td></td><td></td><td></td></tr>
<tr><td colspan="6">北部湾银行邕江支行　2016.12.08　办讫</td></tr>
<tr><td colspan="4">金额（大写）人民币壹拾元零伍角</td><td></td><td>¥10.50</td></tr>
<tr><td>付款方式</td><td colspan="5">转账</td></tr>
<tr><td>业务类型：电汇</td><td colspan="5"></td></tr>
</table>

会计主管：　　　授权：　　　复核：李敏　　　录入：黄婷婷

广西增值税专用发票

450203656  №.002564571

机器编号：889904545458　　　　　　　　　　　　　开票日期：2016 年 12 月 8 日

购货单位	名称：	邕江机械厂				密码区	68>>89*|-912568-+0153|*568135-|*041 2 加密版本：0100121=|*451<4563*| 15-185 *|01-+15155		
	纳税人识别号：	45010254689777							
	地址、电话：	南宁市邕江路 1 号 0771-3353001							
	开户行及账号：	北部湾银行邕江支行 123456789000							

货物或应税劳务名称	规格型号	单位	数量	单价	金额	税率	税额
注塑机	ZS	台	1	40000	40000	17%	6800
合计					¥40000.00		¥6800.00

价税合计（大写）	⊗ 肆万陆仟捌佰元整　　（小写）¥46800.00

销货单位	名称：	柳州注塑机厂	备注	柳州注塑机厂 45020222365555 发票专用章
	纳税人识别号：	45020222365555		
	地址、电话：	柳州市天鹅路 8 号 0772-7530444		
	开户行及账号：	工行柳州五一办 56894514455888		

收款人：张晓丹　　　复核：秦晖　　　开票人：盖玲　　　　销货单位：（章）

税总函〔2014〕123 号广西印刷厂

第二联：发票联 购货方记账凭证

固定资产验收交接单

保管使用单位：车间　　　　　　　2016 年 12 月 9 日　　　　　　　No.03

固定资产名称	型号规格	计量单位	数量	金额	制造工厂
注塑机	B 型	台	1	46800.00	柳州注塑机厂
订购日期	12.08	批准支出金额	50000.00	附属设备情况	
到公司日期	12.09	可使用年限	10	固定资产管理部门意见	同意接收，交车间使用
业务部参加验收意见	同意接收。王正 12.09	使用（保管）验收签证		12.09	

主管：金龙玉　　　经办人：鲁花

2. 邕江机械厂报废冲压机。

邕江机械厂设备报废申批单

2016 年 12 月 9 日

固定资产编号及名称	型号规格技术特征	单位	数量	原值	预计残值	预计使用年限	年折旧率	年折旧额	已提折旧	净值	备注
冲压机	5T	台	1	30000	500	10			28000	200	车间用，不能继续使用，拟报废

单位主管：同意报废　　　　　2016/12/09　　　　　主管处室：经检验同意报废。2016/12/09

使用单位：拟同意报废　王包荣　2016/12/09　　　　制单：程凤

南宁市货物销售统一发票

发票代码：00125681

发票号码：335658

客户名称：南宁废旧回收公司　　　　　　　　　　　　　　　2016 年 12 月 9 日

服务项目	单位	数量	单价	金额						
				千	百	十	元	角	分	
冲压机报废收入	现金收讫				8	0	0	0	0	
金额（大写）捌佰元整				￥	8	0	0	0	0	

蜀 A04016 成都瑞熙特种票证印务有限公司承印

第三联：记账联

开票单位：（未盖章无效）　　　　　开票人：刘鸣凤　　　　　收款人：傅荣

现金支出凭单

2016 年 12 月 9 日

支付 处置冲压机清理费用

支付金额（大写）叁佰元整 ￥300.00

现金付讫

收款人签章 黄蓉蓉 2016 年 12 月 9 日

审批人：柏费景　　　主管会计：黄士清　　　出纳：林生

（二）无形资产

1. 邕江机械厂购入非专利技术。

合同登记编号：ZYJS001

技术转让合同

项目名称：**柔性生产技术**

受让人（甲方）：邕江机械厂

让与人（乙方）：徐州重机厂

签订地点：<u>江苏省</u>（市）<u>徐州市</u>、县（区）

签订日期：<u>2016</u> 年 <u>12</u> 月 <u>5</u> 日

有效期限：<u>2016</u> 年 <u>12</u> 月 <u>5</u> 日至 <u>2016</u> 年 <u>12</u> 月 <u>31</u> 日

江苏省技术市场管理办公室

依据《中华人民共和国合同法》的规定，合同双方就**柔性生产技术**项目的技术转让，签订本合同。

一、技术秘密的内容、要求和工业化开发程度

......

二、技术情报和资料及其提交期限、地点和方式

乙方自合同生效之日起 <u>10</u> 天内，在<u>南宁</u>履行，以<u>现场指导</u>方式，向甲方提供下列技术资料：

......

六、经费及其支付方式

（一）成交总额（大写）伍拾万元

其中技术交易额（大写）伍拾万元

（二）支付方式

①一次总付<u>伍拾万元</u>，时间：2016 年 12 月 15 日前。

七、违约金或者损失赔偿额的计算

....

甲方：邕江机械厂	乙方：徐州重机厂
地址：南宁市邕江路 1 号	地址：徐州市工业路 1 号
账户：123456789000	账户：111111111111
开户银行：北部湾银行邕江支行	开户银行：中国工商银行徐州支行
甲方代表签字：**柏费景**	乙方代表签字：**张春雨**
日期：2016 年 12 月 5 日	日期：2016 年 12 月 5 日

北部湾银行电汇凭证

币别：人民币　　　　　　　　2016 年 12 月 9 日　　　　　　　流水号：8857441

汇款方式	☑普通	□加急												

汇款人	全 称	邕江机械厂	收款人	全 称	徐州重机厂
	账 号	123456789000		账 号	33394514455568
	汇出行名称	北部湾银行邕江支行		汇入行名称	工行徐州人民办

金额	（大写）伍拾万元整	亿	千	百	十	万	千	百	十	元	角	分
					¥	5	0	0	0	0	0	0	0

支付密码

附加信息及用途

汇划日期：　　　　汇票流水号：
汇出行行号：　　　原凭证种类：
汇款人地址：　　　原凭证金额：
收款人地址：

北部湾银行邕江支行
2016.12.09
办讫

客户签章

第二联 客户回单

北部湾银行业务收费凭证

币种：人民币　　　　　　　　2016 年 12 月 9 日　　　　　　　流水号：4506054

付款人邕江机械厂				账号 123456789000	
项目名称	工本费	手续费	电子汇划费		金额
	0.00	0.50	50.00		50.50

北部湾银行邕江支行
2016.12.08
办讫

金额（大写）人民币伍拾元零伍角		¥50.50
付款方式	转账	
业务类型：电汇		

会计主管：　　　授权：　　　复核：李敏　　　录入：黄婷婷

第二联 客户回单

第 2 章　投资核算

45

2. 邕江机械厂出售商标。

商标转让合同范本

转让方：邕江机械厂
受让方：南宁拖拉机厂

经转让方、受让方双方协商一致，对商标权的转让达成如下协议。
一、转让的商标名称：桂花。
……
四、该商标下次应续展的时间：2017 年 12 月。
……
八、商标权转让的性质：1 （可在下列项目中做出选择）。
1．永久性的商标权转让。
2．非永久性的商标权转让。
十三、商标权转让的转让费与付款方式
1．转让费按转让的权限计算共壹拾万元。
2．付款方式：一次付清。
3．付款时间：2016 年 12 月 15 日前。
……

转让方（盖章）：邕江机械厂
法定代表人（签字）：柏费景
2016 年 12 月 9 日
签订地点：南宁市

受让方（盖章）：南宁拖拉机厂
法定代表人（签字）：南国雄
2016 年 12 月 9 日
签订地点：南宁市

北部湾银行进账单（回单或收账通知）

2016 年 12 月 10 日

收款人	全称	邕江机械厂	付款人	全称	南宁拖拉机厂
	账号或地址	123456789000		账号或地址	444444444444
	开户银行	北部湾银行邕江支行		开户银行	中国工商银行江南支行

人民币（大写）：壹拾万元整	千	百	十	万	千	百	十	元	角	分
		￥	1	0	0	0	0	0	0	0

票据种类	转账支票	收款人开户银行盖章
票据张数	1	北部湾银行邕江支行 2016.12.10 办讫
单位主管　　会计　　复核　　记账		

营业税计算单

2016 年 12 月 10 日

计税金额	税率	营业税
100000	5%	

复核：黄士清   制表：卢珍珍

三、实训要求

1. 填列营业税计算单。
2. 根据实训资料填制记账凭证。
3. 将原始凭证按会计基础工作规范要求处理，附在记账凭证后面。
4. 根据记账凭证登记明细账。

第3章 采购核算

实训 5 现付采购

一、实训目的

通过实训，学生能够熟悉企业采购过程中常见的业务内容，熟知现付采购的流程及各类文书、凭证，熟练掌握相关会计核算处理。

二、实训资料

1. 邕江机械厂收到柳钢发来钢板 20 吨，价税款及运杂费已于上月 25 日支付，材料如数验收入库。

收 料 单

材料科目：原材料　　　　　　　　　　　　　　　　　　　编号：002
材料类别：原料及主要材料　　　　　　　　　　　　　　　收料仓库：1 号
供应单位：柳钢股份有限公司　　　2016 年 12 月 1 日　　　发票号码：000002

材料编号	材料名称	规格	计量单位	数量		实际价格				计划价格		第二联：交会计部门
				应收	实收	单价	发票金额	运费	合计	单价	金额	
001	钢板	80	吨	20	20	4000	80000	2000	82000	4000	80000	
合计									82000		80000	
备注												

采购员：赵龙　　检验员：肖明　　记账员：张杰　　保管员：王小毛

2. 从高峰林场购买包装材料木材 10m³，每立方米 500 元，计价款 5000 元，税款 850 元，材料已运回，验收入库，价税款以转账支票付讫。

北部湾银行转账支票存根

支票号码　000002

科目 _____

对方科目 _____

签发日期贰零壹陆年壹拾贰日零伍日

| 收款人：高峰林场 |
| 金额：¥5850.00 |
| 用途：木材款 |
| 备注： |

单位主管 黄士清　会计 卢珍珍

广西增值税专用发票

450202001

№.03564566

发票联

机器编号：889904545460

开票日期：2016 年 12 月 1 日

税总函 (2014) 123 号广西印制厂

购货单位	名称：	邕江机械厂				密码区	55>>89*1-912568-+0153!*568135-!*04 12 加密版本：0100121=11*451<4563*115-185 *101-+151508	
	纳税人识别号：	45010254689777						
	地址、电话：	南宁市邕江路 1 号 0771-3353001						
	开户行及账号：	北部湾银行邕江支行 123456789000						

货物或应税劳务名称	规格型号	单位	数量	单价	金额	税率	税额
木材		m^3	10	500	5000	17%	850
合计					¥5000.00		¥850.00

价税合计（大写）	⊗ 伍仟捌佰伍拾元整	（小写）¥5850.00

销货单位	名称：	高峰林场		备注	高峰林场 45020222364444 发票专用章
	纳税人识别号：	45020222364444			
	地址、电话：	南宁市林场路 1 号 0771-2202117			
	开户行及账号：	中国工商银行城北支行 555555432156			

收款人：卢文丹　　　复核：金琴　开票人：夏天　　　销货单位：（章）

收 料 单

材料科目：原材料   编号：003
材料类别：辅料   收料仓库：3 号
供应单位：高峰林场   2016 年 12 月 1 日   发票号码：3564566

材料编号	材料名称	规格	计量单位	数量		实际价格				计划价格		
				应收	实收	单价	发票金额	运费	合计	单价	金额
301	木材		m³	10	10	500	5000		5000	500	5000
合计									5000		5000
备注											

采购员：赵龙   检验员：肖明   记账员：张杰   保管员：王小毛

第二联：交会计部门

3. 邕江机械厂从万家乐油漆厂购入油漆 100 公斤，每公斤 30 元，计价款 3000 元，税款 510 元，油漆已验收入库，货款以转账支票付讫。

广西增值税专用发票

450202002   №.06564501

全国统一发票监制章
发票联
国家税务总局监制

机器编号：889904545466   开票日期：2016 年 12 月 1 日

购货单位	名称：	邕江机械厂				密码区	55>>89*1-912568-+0153/*568135-/*0412 加密版本：0100121=//*451<4563*/15-185 *101-+151508		
	纳税人识别号：	45010254689777							
	地址、电话：	南宁市邕江路 1 号 0771-3353001							
	开户行及账号：	北部湾银行邕江支行 123456789000							
货物或应税劳务名称	规格型号	单位	数量	单价	金额	税率	税额		
油漆	YQ	公斤	100	30	3000	17%	510		
合计					¥3000.00		¥510.00		
价税合计（大写）		⊗ 叁仟伍佰壹拾元整 （小写）¥3510.00							
销货单位	名称：	万家乐油漆厂				备注	万家乐油漆厂 45020222346531 发票专用章		
	纳税人识别号：	45020222346531							
	地址、电话：	南宁市林场路 10 号 0771-3502117							
	开户行及账号：	中国工商银行城北支行 555555432222							

收款人：卢一丹   复核：金一琴   开票人：夏一天   销货单位：（章）

税总函（2014）123 号广西印制厂

第二联：发票联 购货方记账凭证

第 3 章 采购核算

55

收 料 单

材料科目：原材料
材料类别：辅料
供应单位：万家乐油漆厂

编号：004
收料仓库：3 号
发票号码：6564501

2016 年 12 月 1 日

| 材料编号 | 材料名称 | 规格 | 计量单位 | 数量 | | 实际价格 | | | | 计划价格 | | 第二联：交会计部门 |
				应收	实收	单价	发票金额	运费	合计	单价	金额	
311	油漆	YQ	公斤	100	100	30	3000		3000	30	3000	
合计									3000		3000	
备注												

采购员：赵龙　　检验员：肖明　　记账员：张杰　　保管员：王小毛

三、实训要求

1. 根据实训资料填制记账凭证。
2. 将原始凭证按会计基础工作规范要求处理，附在记账凭证后面。
3. 根据记账凭证登记明细账。

实训 6　赊　　购

一、实训目的

通过实训，学生能够熟悉企业采购过程中常见的主要业务内容，熟知使用银行汇票、商业汇票等采购物资的流程及各类文书、凭证，熟练掌握相关会计核算处理。

二、实训资料

1. 邕江机械厂向银行申请办理银行汇票 100000 元，准备到柳钢采购圆钢。

北部湾银行汇票委托书（存根）

No. 051301

委托日期　2016 年 12 月 2 日

汇款人	邕江机械厂			收款人	柳钢股份有限责任公司
账号或住址	123456789000			账号或住址	56894514455333
兑付地点	广西省柳州市	兑付行	北部湾银行柳州支行	汇款用途	钢材款
汇款金额	人民币（大写）壹拾万元整				¥100000.00
备注：				科目： 对方科目： 主管：　　复核：　　经办：	

（章）北部湾银行邕江支行
2016.12.02
办讫

2. 采购员持银行汇票 100000 元，赴柳钢采购圆钢 20 吨，每吨单价 4000 元，计价款 80000 元，增值税销项税额为 13600 元，柳钢代办托运 2000 元，多余款退回存入银行。

付款期限 壹个月	北部湾银行 银行汇票　2		汇票号码 NN0077 第 001 号											此联代理行签发后交付款单位入账
签发日期（大写）　贰零壹陆年壹拾贰月零贰日	代理付款行：北部湾银行柳州支行行号：002													
收款人：柳钢股份有限责任公司	账号或住址：56894514455333													
汇款金额人民币（大写）：壹拾万元整														
实际结算金额 人民币	千	百	十	万	千	百	十	元	角	分				
				¥	9	5	6	0	0	0	0			
汇款人：邕江机械厂	账号或住址：123456789000													
签发行：北部湾银行柳州支行行号：	多余金额									左列退回多余金额已收入你账户内。				
	百	十	万	千	百	十	元	角	分					
汇款用途：钢材款										财务主管　　复核　　经办				
签发行盖章　年　月　日														

（章）北部湾银行柳州支行　汇票专用章

北部湾银行

银行汇票(多余款收账通知)

汇票号码NN0077
第 001 号

付款期限
壹个月

签发日期（大写）	贰零壹陆年壹拾贰月零贰日	代理付款行：北部湾银行柳州支行行号：002										
收款人：柳钢股份有限责任公司		账号或住址：56894514455333										
汇款金额人民币（大写）：壹拾万元整												
实际结算金额	人民币 玖万伍仟陆百元整	千	百	十	万	千	百	十	元	角	分
					¥	9	5	6	0	0	0	0

汇款人：邕江工厂

签发行：北部湾银行柳州支行行号：002

汇票专用章

汇款用途：钢材款

签发行盖章 年 月 日

账号或地址：123456789000

多余金额									左列退回多余金额已收入你账户内。
百	十	万	千	百	十	元	角	分	
		¥	4	4	0	0	0	0	财务主管 复核 经办

3. 上月 25 日从河北钢铁采购的铸铁 20 吨到货，经验收短缺 1 吨，19 吨已验收入库，短缺的 1 吨，原因待查。

收 料 单

材料科目：原材料
材料类别：原料及主要材料
供应单位：河北钢铁

编号：005
收料仓库：1 号
发票号码：000003

2016 年 12 月 3 日

材料编号	材料名称	规格	计量单位	数量		实际价格				计划价格	
				应收	实收	单价	发票金额	运费	合计	单价	金额
003	铸铁		吨	20	19	2000	40000		40000	2000	40000
合计									40000		40000
备注											

采购员：赵龙　　检验员：肖明　　记账员：张杰　　保管员：王小毛

第二联：交会计部门

原材料溢缺报告单

原材料名称	计量单位	单价	应收数		实收数		溢余		短缺		备注
			数量	金额	数量	金额	数量	金额	数量	金额	
铸铁	吨	2000	20	40000	19	38000			1	2000	
合计											

原因分析：
未明待查

审批意见：
　请采购部彻查。

柏费景

单位（盖章）　　　　会计主管：黄世清　　　　制表：王小毛

4. 从柳钢采购的圆钢 20 吨运到，验收入库。

收　料　单

材料科目：原材料　　　　　　　　　　　　　　　　　　编号：005
材料类别：原料及主要材料　　　　　　　　　　　　　　收料仓库：1 号
供应单位：柳钢股份　　　　　　2016 年 12 月 3 日　　　发票号码：000003

材料编号	材料名称	规格	计量单位	数量		实际价格				计划价格	
				应收	实收	单价	发票金额	运费	合计	单价	金额
002	圆钢		吨	20	20	4000	80000	2000	82000	40000	80000
合计									82000		80000
备注											

第二联：交会计部门

采购员：赵龙　　检验员：肖明　　记账员：张杰　　保管员：王小毛

5. 经查明从河北钢铁采购短缺的 1 吨铸铁，属于运输部门的责任，运输部门交来现金。

原材料溢缺处理意见单

2016 年 12 月 7 日

事理		材料名称	数量	实际成本	计划成本	成本差异
向河北钢铁采购短缺		铸铁	1 吨	2000	2000	
原因	联运公司运输途中损失 1 吨。					
处理意见	经与联运公司运输联系，联运公司承担赔偿。 邕江机械厂采购部					
审批意见	财务科： 同意，应收赔偿款开出收据 签字：黄世清　　签字：柏费景			厂部： 同意。请采购部、财务部办理收取。		

收据

2016 年 12 月 8 日

交款单位联运公司

人民币（大写）　　　贰仟元整　　　　　　　¥ 2000.00

系付运输途中损失赔偿款

③
记账联

现金	√
支票	
付委	

收款单位（盖章有效）　财务 卢珍珍　　　经手人 赵龙

6. 邕江机械厂从中石油防城港公司购入润滑油 100 公斤，单价 50 元，税款 850 元，代垫运费 100 元，价税款及运费用商业承兑汇票付讫，润滑油已验收入库。

广西增值税专用发票

450017772

№0088431

机器编号：889904545468

开票日期：2016 年 12 月 8 日

购货单位	名称：	邕江机械厂					密码区	66*>89*l-912568-+0153l*568135-l*0413 加密版本：0100121=ll*451<4563*l15-185*l01-+15157		
	纳税人识别号：	45010254689777								
	地址、电话：	南宁市邕江路 1 号 0771-3353001								
	开户行及账号：	北部湾银行邕江支行 123456789000								

货物或应税劳务名称	规格型号	单位	数量	单价	金额	税率	税额
润滑油	1	公斤	1000	50	5000	17%	850
合计					¥5000		¥850

价税合计（大写）	⊗ 伍仟捌佰伍拾元整　　（小写）	¥5850.00

销货单位	名称：	中石油防城港公司
	纳税人识别号：	45010854189000
	地址、电话：	防城港市港口路 1 号 0770-9903501
	开户行及账号：	北部湾银行防城港支行 789546278512

中石油防城港公司
45010854189000
发票专用章

收款人：贝磊　　复核：赵德文　　开票人：余翔　　　　　　销货单位（章）

第二联：发票联　购货方记账凭证

广西增值税专用发票

450017770

№0033435

机器编号：889904545558

开票日期：2016 年 12 月 8 日

购买方	名称：	中石油防城港公司					密码区	66*>89*l-912568-+0153l*568135-l*0413 加密版本：0100121=ll*451<4563*l15-185*l01-+15157		
	纳税人识别号：	45010854189000								
	地址、电话：	防城港市港口路 1 号 0770-9903501								
	开户行及账号：	北部湾银行防城港支行 789546278512								

货物或应税劳务名称	规格型号	单位	数量	单价	金额	税率	税额
运费					90.09	11%	9.91
合计					¥90.09		¥9.91

价税合计（大写）	⊗ 壹佰元整　　（小写）¥100.00

销售方	名称：	广西沿海铁路公司
	纳税人识别号：	45010854189111
	地址、电话：	防城港市港口路 18 号 0770-9903555
	开户行及账号：	北部湾银行防城港支行 789546278555

广西沿海铁路公司
45010854189111
发票专用章

收款人：吴晓双　　复核：赵德文　　开票人：李翔　　　　　　销货单位（章）

第二联：发票联　购货方记账凭证

收 料 单

材料科目：原材料
材料类别：辅料
供应单位：中石油防城港公司

编号：006
收料仓库：3 号
发票号码：88431

2016 年 12 月 8 日

材料编号	材料名称	规格	计量单位	数量		实际价格				计划价格	
				应收	实收	单价	发票金额	运费	合计	单价	金额
303	润滑油		公斤	100	100	50	5000	100	5100	50	5000
合计									5100		5000
备注											

采购员：赵龙   检验员：肖明   记账员：张杰   保管员：王小毛

第二联：交会计部门

商业承兑汇票（存根）　**3**　IX IV

签发日期 2016 年 12 月 9 日   第　号

付款人	全称	邕江机械厂		收款人	全称	中石油防城港公司	
	账号	123456789000			账号	789546278512	
	开户银行	北部湾银行邕江支行	行号 001		开户银行	北部湾银行防城港支行	行号 003

汇票金额	人民币（大写）　伍仟玖佰伍拾元整		千	百	十	万	千	百	十	元	角	分
						¥	5	9	5	0	0	0

汇票到期日	2017 年 1 月 9 日	交易合同号码	A001

备注：
本汇票已经本单位承兑，到期日无条件支
付票据款。此致
付款人

付款人盖章   负责经办

此联签发人存查

三、实训要求

1. 根据实训资料填制记账凭证。
2. 将原始凭证按会计基础工作规范要求处理，附在记账凭证后面。
3. 根据记账凭证登记明细账。

第4章 生产核算

实训7 领用材料

一、实训目的

通过实训，学生能够熟悉企业生产过程中的领用材料业务，熟知材料领用的流程及各类文书、凭证，熟练掌握相关会计核算处理。

二、实训资料

1. 生产车间从仓库领用钢板 2 吨，单价 4000 元。

<u>领 料 单</u>　　　　No.001001

领用部门：生产车间　　　　　　　2016 年 12 月 10 日

产品			单位	数量	单价	金额								备注	
编号	名　称	规格				十	万	千	百	十	元	角	分		第四联
001	钢板	80	吨	10	4000		4	0	0	0	0	0	0		
															记账
合计						¥	4	0	0	0	0	0	0		

部门主管：　　　会计：　　　记账：卢珍珍　　保管王小毛：　　制单：王二毛

2. 销售部门从仓库领用木材 10m³，单价 500 元，用作产品包装，随产品销售不单独计价，一次全部计入当期损益。

<u>领 料 单</u>　　　　No.001002

领用部门：销售部门　　　　　　　2016 年 12 月 11 日

产品			单位	数量	单价	金额								备注	
编号	名　称	规格				十	万	千	百	十	元	角	分		第四联
001	木材		m³	10	500			5	0	0	0	0	0		
															记账
合计						¥		5	0	0	0	0	0		

部门主管：　　　会计：　　　记账：卢珍珍　　保管：王小毛　　制单：王二毛

3. 汇总 12 月上旬办公用品领用数量、金额。

办公用品领用单（记账联）

2016 年 12 月 11 日

领用部门	用品类别	用品名称	计量单位	数量		单价	金额	用途
				请领	实领			
生产车间	包	公文包	只	15	15	20	300	办公用
辅助车间		公文包	只	4	4	20	80	办公用
销售部门		公文包	只	2	2	20	40	办公用
厂部		公文包	只	25	25	20	500	办公用
合计				50	50	20	1000	

仓库主管：　　发料人：王小毛　　领料人：秦江明

4. 月末汇总 2016 年 12 月原材料及辅料的领用情况。

材料领用汇总表

2016 年 12 月 1～31 日

名称	单位	计划价格	工程车		生产车间		辅助车间		销售部门		厂部		合计数量
			数量	金额	数量	金额	数量	金额	数量	金额	数量	金额	
钢板	吨	4000	20		1		1						
圆钢	吨	4000	10						1				
铸铁	吨	2000	10										
油漆	公斤	30			200		10						
润滑油	公斤	50			100						2		
轮胎	套	500	80										
木材	m³	500			100		10		10				
合计金额													

三、实训要求

1. 填列材料领用汇总表。
2. 根据实训资料填制记账凭证。
3. 将原始凭证按会计基础工作规范要求处理，附在记账凭证后面。
4. 根据记账凭证登记明细账。

实训 8　发 放 工 资

一、实训目的

通过实训，学生能够熟悉企业生产过程中的人工费用业务以及其他部门的工资计提、发放工作，熟知发放工资的流程及各类文书、凭证，熟练掌握相关会计核算处理。

二、实训资料

1. 邕江机械厂根据各部门人员工资卡、考勤记录、产量记录及代扣款项等资料，编制出工资结算汇总表，进而编制工资分配汇总表。

工资结算汇总表

2016 年 12 月 25 日

单　　位	工资	奖金	津补贴		缺勤扣款		应发工资	代扣款项			实发工资
			夜班	副补	事假	病假		养老金	公积金	个税	
生产车间	60000	20000	1000	5000	250	150	85600	2000	3000	400	80200
---生产工人	48000	10000	1000	4000	250	150	62600	1500	2200	200	58700
---管理人员	12000	10000		1000			23000	500	800	200	21500
辅助车间	20000	5000		2000		100	26900	600	1000	100	25200
销售部门	40000	10000		5000			55000	1200	2000	1000	50800
厂部	30000	5000	500	3000	250	250	38000	1000	1400	100	35500
合计	150000	40000	1500	15000	500	500	205500	4800	7400	1600	191700

审核：黄士清　　　　　　　　　　　　　　　　　　制表：任世权

工资分配汇总表

2016 年 12 月 25 日　　　　　　　　　　　　单位：元

单位 账户	生产车间	辅助车间	销售部门	厂　部	合　计
生产成本	62600				62600
制造费用	23000	26900			49900
销售费用			55000		55000
管理费用				38000	38000
合计	85600	26900	55000	38000	205500

审核：黄士清　　　　　　　　　　　　　　　　制表：卢珍珍

2. 邕江机械厂开具转账支票，支付工资。

北部湾银行转账支票存根
支票号码　000201
科目＿＿＿＿＿＿＿＿＿＿＿
对方科目＿＿＿＿＿＿＿＿＿
签发日期贰零壹陆年壹拾贰月贰拾伍日

| 收款人：职工 |
| 金额：¥191700.00 |
| 用途：工资 |
| 备注： |

单位主管：黄士清　会计：卢珍珍

3. 邕江机械厂开具转账支票，向公积金中心支付住房公积金。

北部湾银行转账支票存根
支票号码　000202
科目＿＿＿＿＿＿＿＿＿＿＿
对方科目＿＿＿＿＿＿＿＿＿
签发日期贰零壹陆年壹拾贰月贰拾伍日

| 收款人：南宁市住房公积金中心 |
| 金额：¥14800.00 |
| 用途：职工住房公积金 |
| 备注： |

单位主管：黄士清　会计：卢珍珍

南宁市住房公积金中心统一收据

2016 年 12 月 25 日

交款单位邕江机械厂

人民币（大写）　　　**壹万肆仟捌佰元整**　　　　　　¥ 14800.00

系付职工住房公积金

现金	
支票	√
付委	

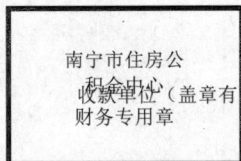

收款单位（盖章有效）财务：王华　　　经手人：刘小莲

③ 记账联

4. 邕江机械厂交付养老保险。

南宁市住房公积金中心统一收据

2016 年 12 月 25 日

交款单位 邕江机械厂

人民币（大写）　　**贰万肆仟元整**　　　　　　　　　　¥ 24000.00

系付职工养老金

现金	
支票	√
付委	

南宁市
社保中心
财务专用章

收款单位（盖章有效）财务：刘一华　　　经手人：李玉兰

北部湾银行转账支票存根

支票号码　　000203

科目

对方科目

签发日期贰零壹陆年壹拾贰月贰拾五日

收款人：南宁市社保中心	
金额：¥24000.00	
用途：职工养老金	
备注	

单位主管：黄士清　会计：卢珍珍

财务专用章

---

5. 邕江机械厂缴付代扣个人所得税。

第 4 章 生产核算

79

中华人民共和国

税收通用缴款书

隶属关系：

桂（2016）地缴电 2586421 号

注册类型：有限责任公司　　填发日期：2016年12月2日　　　征收机关：江南区分局

<table>
<tr><td rowspan="5">缴款单位（人）</td><td>代码</td><td colspan="3">45010254689777</td><td rowspan="4">预算科目</td><td>编码</td><td colspan="2">030507</td></tr>
<tr><td>全称</td><td colspan="3">邕江机械厂</td><td>名称</td><td colspan="2">个人所得税</td></tr>
<tr><td>开户银行</td><td colspan="3">北部湾银行邕江支行</td><td>级次</td><td colspan="2">江南区 100%</td></tr>
<tr><td>账号</td><td colspan="3">123456789000</td><td>收款国库</td><td colspan="2">江南区金库（2）</td></tr>
<tr><td colspan="4">税款所属时期 2016.12.01——2016.12.31</td><td colspan="3">税款限缴日期 2017 年 1 月 2 日</td></tr>
<tr><td></td><td>品目名称</td><td>课税数量</td><td>计税金额或销售收入</td><td>税率或单位税额</td><td>已缴或扣除额</td><td colspan="2">实缴金额</td></tr>
<tr><td></td><td>个人所得税</td><td></td><td></td><td></td><td></td><td colspan="2">2000.00</td></tr>
<tr><td></td><td></td><td></td><td></td><td></td><td></td><td colspan="2">北部湾银行邕江支行
2017.01.02
¥2000.00</td></tr>
<tr><td></td><td>金额合计（大写）</td><td colspan="2">（大写）贰仟元整</td><td></td><td></td><td colspan="2"></td></tr>
<tr><td></td><td>缴款单位（人）
（盖章）
经办人（章）</td><td colspan="2">税务机关
（盖章）
填票人（章）</td><td colspan="3">上列款项已收妥并划转收款单位账户
国库（银行）盖章　　年　　月　　日
逾期不缴按税法规定加收滞纳金</td><td>备注正常税款</td></tr>
</table>

无银行收讫章无效

第一联收据国库（银行）收款盖章后退缴款单位（人）作完税凭证

三、实训要求

1. 根据实训资料填制记账凭证。
2. 将原始凭证按会计基础工作规范要求处理，附在记账凭证后面。
3. 根据记账凭证登记明细账。

实训 9　分配制造费用

一、实训目的

通过实训，学生能够熟悉企业生产过程中的制造费用分配业务，熟知分配制造费用的流程及各类文书、凭证，熟练掌握相关会计核算处理。

二、实训资料

1. 邕江机械厂接到银行付款通知，本月份用水 12000 吨，每吨 1.5 元，支付水费 18000 元，增值税税率为 13%，已将款项从本单位账户中划出，先记入应付账款，待后分配。

委托收款凭证（付款通知）　　委托号码：2215242

同城　　　　　　　委托日期 2016 年 12 月 25 日

付款人	全称	邕江机械厂	收款人	全称	南宁陈村供水有限责任公司												此联是收款人开户银行给付款人的付款联
	账号或地址	123456789000		账号	212543656565325676												
	开户银行	北部湾银行邕江支行		开户银行	建行南宁西乡塘分理处		行号	3623									

托收金额	人民币：壹万捌仟元整（大写）		千	百	十	万	千	百	十	元	角	分
					¥	1	8	0	0	0	0	0

附件		款项内容
附寄单证张数或册数	1 张	支付 12 月水费

备注：户号：23665	款项收妥日期年月日	1. 根据结算办法，上列委托收款，如在付款期限内未拒付时，视同全部同意付款，以此联代示付款。 2. 如需提前付款或多付款时，应另与书面通知送银行办理。 3. 如系全部或部分拒付，应在付款期内另填拒付款理由书送银行办理。

北部湾银行邕江支行
2016.12.25
办讫

收款人　　开户银行盖章

南宁麻村有限公司委托银行代收电费收据　　№.1925666

单位全称：邕江机械厂
地址：南宁市邕江路 1 号　　　　2016 年 12 月 25 日　　　　户号：23665

类别	本月用水量（吨）抄见	水费单价	水费（元）	燃机附加	新水还本（元）	水建基金（元）
生产车间	10000	1.50	15000.00			
厂部	2000	1.50	3000.00			
合计	12000		18000.00			

手续费：　　元　滞纳金：　　元
总应收金额：18000.00

备注：银行电子代扣	收款方式	电子委托

说明：1. 用户更改全称、账号时应通知本局用水管理所。
　　　2. 如因存款不足收不到电费者，收滞纳金，或停止供水。

南宁市陈村供水有限公司
450121200900273
发票专用章

收款单位（公章）：　　　　　　　　　　收款人（章）：杨具荣

南宁市麻村供水有限公司水费发票

日期 2016 年 12 月 25 日　　　　　　　No.9283545

户名	邕江机械厂				
户号	23665		结算方式	托收	
地址	南宁市青秀区金湖路 66 号				
计费项目			数量	单价	金额
12 月份用水			12000	1.5	18000.00
业务	托收水费		金额合计		¥18000.00
大写	人民币壹万捌仟元整				

收款单位：　　　　　　　　　　　　　　　　　收款员：　牛磊

注：本发票无收款员章及发票专用章无效

第二联：发票（报销凭证）　手写无效

---

2. 邕江机械厂接到银行付款通知，本月份用电 20000 度，每度 0.5 元，支付电费 10000 元，增值税率为 17%，已将款项从本单位账户中划出，先记入应付账款，待后分配。

委托收款凭证（付款通知）　　　委托号码：546562

委托日期 2016 年 12 月 25 日

同城

付款人	全称	邕江机械厂		收款人	全称	南宁市供电局						
	账号或地址	123456789000			账号	450145458795621						
	开户银行	北部湾银行邕江支行			开户银行	建行南宁金湖路分理处		行号	3500			

托收金额	人民币：（大写）壹万元整	千	百	十	万	千	百	十	元	角	分
				¥	1	0	0	0	0	0	0

附件		款项内容	
附寄单证张数或册数	1 张	支付 12 月电费	

| 备注：户号：1234567 | 款项收妥日期 2016 年 12 月 25 日 | 1. 根据结算办法，上列委托收款，如在付款期限内不拒付的，即视同全部同意付款，以此联代为付款通知送银行办理。
2. 如需提前付款或多付款时，应另用书面通知送银行办理。
3. 如系全部或部分拒付，应在付款期内另填拒付款理由书送银行办理。 | 此联是收款人开户银行给付款人的付款联 |

北部湾银行邕江支行
2016.12.25
办讫

收款人开户银行盖章

第 4 章　生产核算

85

南宁供电局委托银行代收电费收据   No.2964554

单位全称：邕江机械厂

地址：南宁市邕江路 1 号　　　　　2016 年 12 月 25 日　　　　　　　户号：1234567

类别	本月 抄见	电量（kW·h）	电费单价	电费（元）	燃机附加	新电还本（元）	电建基金（元）
生产车间		16000	0.50	8000.00			
厂部		4000	0.50	2000.00			
合计		20000		10000.00			

手续费：元　滞纳金　元

总应收金额：10000.00

备注	银行电子代扣	收款方式	电子委托

说明：1. 用户更改全称、账号请及时通知本局用水管理所。
　　　2. 如因存款不足而托收不到电费者，加收滞纳金，或停止供水。

收款单位（公章）：　　　　财务主管（章）：黎永红　　　　收款人（章）：滕玉玲

广西增值税专用发票

450203656　　　　　　　　　　**No.00744550**

机器编号：889904545496　　　　　　　　开票日期：2016 年 12 月 25 日

税总函（2014）123 号广西印制

购货单位	名　　称：	邕江机械厂				密码区	74>>89*l-912568-+0153l*568135 -l*0412 加密版本： 0100121=ll*451<4563*l15-185 *l01-+15176	
	纳税人识别号：	45010254689777						
	地址、电话：	南宁市邕江路 1 号 0771-3353001						
	开户行及账号：	北部湾银行邕江支行 123456789000						

货物或应税劳务名称	规格型号	单位	数量	单价	金额	税率	税额
12 月电费					8547	17%	1453
合计					¥8547		¥1453

价税合计（大写）	⊗壹万元整　（小写）		¥10000.00

销货单位	名　　称：	南宁市供电局	备注
	纳税人识别号：	45020222564875	
	地址、电话：	南宁市五一路 68 号	
	开户行及账号：	工行中行五一办 221656565454638	

南宁市供电局
45020222564875
发票专用章

收款人：滕玉玲　　复核：黎永红　　开票人：滕玉玲　　　　销货单位：（章）

第二联：发票联　购货方记账凭证

第 4 章　生产核算

3. 2016 年 12 月各单位耗用辅助生产车间的劳务量。

辅助车间费用分配表

2016 年 12 月 31 日

项　　目	辅助车间工时	辅助车间费用
生产车间	100	
销售部门	30	
厂部	10	
合计	140	2800

4. 月末归集"制造费用分配表"。

制造费用分配表

2016 年 12 月 31 日

产　品	生产工时	制　造　费　用	
		分配率	金　额
工程车	10000		
合计			60000

三、实训要求

1. 填列辅助车间费用分配表。
2. 填列制造费用分配表。
3. 根据实训资料填制记账凭证。
4. 将原始凭证按会计基础工作规范要求处理,附在记账凭证后面。
5. 根据记账凭证登记明细账。

实训 10　结转完工产品

一、实训目的

通过实训,学生能够熟悉企业生产过程中完工产品结转的流程及各类文书、凭证,熟练掌握相关会计核算处理。

二、实训资料

1. 归集生产费用(假定已知)。

生产费用归集表

2016 年 12 月 31 日

项　　目	直 接 材 料	直 接 人 工	制 造 费 用	合　　计
期初余额	0	0	0	0
本期投入	400000	120000	80000	
生产费用合计				

2. 在完工与在产品间分配，月末工程车完工 30 台，在产 20 台（完工进度 50%）。

生产费用归集与分配表

2016 年 12 月 31 日

项目	直接材料	直接人工	制造费用	合计
期初余额	0	0	0	0
本期投入				
生产费用合计				
完工产品				
平均每台成本				
未完工产品				

三、实训要求

1. 填列上述两张表。
2. 根据实训资料填制记账凭证。
3. 将原始凭证按会计基础工作规范要求处理，附在记账凭证后面。
4. 根据记账凭证登记明细账。

第5章 销售核算

实训 11 现 销

一、实训目的

通过实训，学生能够熟悉企业销售过程中的现销业务，熟知现销的流程及各类文书、凭证，熟练掌握相关会计核算处理。

二、实训资料

1. 邕江机械厂收到松宇公司为订购工程车而预付的货款 150000 元，银行汇票已交存银行。

北部湾银行进账单（回单或收账通知）

2016 年 12 月 4 日

收款人	全称	邕江机械厂		付款人	全称	松宇公司									
	账号或地址	123456789000			账号或地址	111111111111									
	开户银行	北部湾银行邕江支行			开户银行	中国工商银行民族支行									
人民币（大写）：壹拾伍万元整					千	百	十	万	千	百	十	元	角	分
						¥1	5	0	0	0	0	0	0	0
票据种类		银行汇票		收款人开户银行盖章：										
票据张数		1		北部湾银行邕江支行 2016.12.04 办讫										
单位 主管会计 复核 记账														

2. 邕江机械厂根据合同向兴达建机销售工程车 10 台，单价 200000 元，计价款 2000000 元，增值税销项税额 340000 元，产品已发出，收到转账支票一张。

北部湾银行**进账单**（回单或收账通知）

2016 年 12 月 14 日

<table>
<tr><td rowspan="3">收款人</td><td>全称</td><td>邕江机械厂</td><td rowspan="3">付款人</td><td>全称</td><td>兴达建机</td></tr>
<tr><td>账号或地址</td><td>123456789000</td><td>账号或地址</td><td>222222222222</td></tr>
<tr><td>开户银行</td><td>北部湾银行邕江支行</td><td>开户银行</td><td>中国工商银行江南支行</td></tr>
</table>

人民币（大写）：贰佰叁拾肆万元整

	千	百	十	万	千	百	十	元	角	分
¥		2	3	4	0	0	0	0	0	0

北部湾银行邕江支行
2016.12.14

票据种类	转账支票
票据张数	1

收款人开户银行盖章：办讫

单位：　　主管会计：　　复核：　　记账：

广西增值税专用发票

450007400　　　　　　　　　　　　　　　　　　№.0060011

记账联

全国统一发票监制章
国家税务总局监制

机器编号：889904545495　　　　　　　　开票日期：2016 年 12 月 14 日

<table>
<tr><td rowspan="4">购货单位</td><td>名称：</td><td>兴达建机</td><td rowspan="4">密码区</td><td>18>>89*1-912568-+0153|*568135-|*0413
加密版本：0100121=||* 451<4563*|15-185
*|01-+15154</td></tr>
<tr><td>纳税人识别号：</td><td>45010254689222</td></tr>
<tr><td>地址、电话：</td><td>南宁市工业路 20 号 0771-6603001</td></tr>
<tr><td>开户行及账号：</td><td>中国工商银行江南支行 222222222222</td></tr>
</table>

货物或应税劳务名称	规格型号	单位	数量	单价	金额	税率	税额
工程车	10T	台	10	200000	2000000	17%	340000
合计					¥2000000		¥340000

价税合计（大写）	⊗ 贰佰叁拾肆万元整	（小写）¥2340000.00

<table>
<tr><td rowspan="4">销货单位</td><td>名称：</td><td>邕江机械厂</td><td rowspan="4">备注</td></tr>
<tr><td>纳税人识别号：</td><td>45010254689777</td></tr>
<tr><td>地址、电话：</td><td>南宁市邕江路 1 号 0771-3353001</td></tr>
<tr><td>开户行及账号：</td><td>北部湾银行邕江支行 123456789000</td></tr>
</table>

邕江机械厂
45010254689777
发票专用章

收款人：李玫　　复核：张强　　开票人：张茜　　　　销货单位：（章）

税总函〔2014〕123 号广西印刷厂

第四联：记账联　销货方记账凭证

---

3. 邕江机械厂销售给松宇公司工程车 1 台，单价 210000 元，计价款 210000 元，增值税进项税额 35700 元，产品已发出，款项已于 12 月 14 日预收 150000 元，松宇公司以电汇补付 95700 元。

北部湾银行 **电汇凭证（收款通知）**

日期：2016 年 12 月 20 日

(电)

汇款人	全　称	松宇公司		收款人	全　称	邕江机械厂
	账号	111111111111			账号	123456789000
	汇出地	广西省南宁市			汇入地	广西省南宁市

金额	人民币（大写）：玖万伍仟柒佰元整	¥95700.00	北部湾银行邕江支行 2016.12.20 办讫

汇款用途：工程车款	留行待取预留 收款人印鉴

广西增值税专用发票

450007400

No.60022

(全国统一发票监制章 广西 国家税务总局监制 记账联)

机器编号：889904545495

开票日期：2016 年 12 月 20 日

购货单位	名称：	松宇公司			密码区	37>>89*1-912568-+0153|*568135-1*0413 加密版本：0100121=|*451<4563*|15-185 *|01-+15178		
	纳税人识别号：	45010254689111						
	地址、电话：	南宁市工业路 20 号 0771-5578023						
	开户行及账号：	中国工商银行江南支行 111111111111						

货物或应税劳务名称	规格型号	单位	数量	单价	金额	税率	税额
工程车	10T	台	1	21000	210000	17%	35700
合计					¥210000		¥35700

价税合计（大写）	⊗ 贰拾肆万伍仟柒佰元整（小写）	¥245700.00

销货单位	名　称：	邕江机械厂	备注	(邕江机械厂 45010254689777 发票专用章)
	纳税人识别号：	45010254689777		
	地址、电话：	南宁市邕江路 1 号 0771-3353001		
	开户行及账号：	北部湾银行邕江支行 123456789000		

收款人：　　复核：张强　　开票人：张茜　　　　　销货单位（章）

税总函〔2014〕123 号广西印制厂

第四联：记账联　销货方记账凭证

4. 邕江机械厂销售给松宇公司的工程车有质量问题，大宇公司要求退货，开出红字发票办理退货手续，货款以信汇方式退付。

广西增值税专用发票

450007400

No.0060023

记账联

机器编号：889904545495

开票日期：2016 年 12 月 20 日

购货单位	名　　称：	松宇公司					密码区	27>>89*|-912568-+0153|*568135-|*0413 加密版本：0100121=|/*451< 4563*|15-185 *|01-+15174		
	纳税人识别号：	45010254689111								
	地址、电话：	南宁市工业路 20 号 0771-5578023								
	开户行及账号：	中国工商银行江南支行 111111111111								
货物或应税劳务名称	规格型号	单位	数量	单价	金额	税率	税额
工程车	10T	台	1	21000	210000	17%	35700
合计					¥210000		¥35700
价税合计（大写）	⊗ 贰拾肆万伍仟柒佰元整（小写）				¥245700.00		

第四联：记账联　销货方记账凭证

税总函〔2014〕123 号广西印刷厂

销货单位	名　　称：	邕江机械厂
	纳税人识别号：	45010254689777
	地址、电话：	南宁市邕江路 1 号 0771-3353001
	开户行及账号：	北部湾银行邕江支行 123456789000

邕江机械厂
45010254689777
发票专用章

收款人：李玫　　复核：张强　　开票人：张茜　　销货单位：（章）

中国工商银行信汇凭证（回单）

日期：2016 年 12 月 24 日

汇款人	全　称	邕江机械厂	收款人	全　称	松宇公司
	账　号	123456789000		账　号	111111111111
	汇出地	广西省南宁市		汇入地	广西省南宁市
金额	人民币（大写）：贰拾肆万伍仟柒佰元整		¥245 700.00		

| 汇款用途:退销售商品款 | 留行待取预留
收款人印鉴 |
| 北部湾银行邕江支行
上列款项已汇出，如有错误，请持此联来面洽。2016.12.24
汇出行盖章
办讫 | 上列款项已照收无误。
收款人盖章
　　　年　月　日 | 科目（借）
对方科目（贷）
汇入行解汇日期　　　年　月　日

复核：　记账：　出纳： |

第 5 章　销售核算

99

三、实训要求

1. 根据实训资料填制记账凭证。
2. 将原始凭证按会计基础工作规范要求处理，附在记账凭证后面。
3. 根据记账凭证登记明细账。

实训 12　赊　　销

一、实训目的

通过实训，学生能够熟悉企业销售过程中的赊销工作，熟知赊销的流程及各类文书、凭证，熟练掌握相关会计核算处理。

二、实训资料

1. 邕江机械厂接到银行收账通知，北海机械厂的欠款已收回 200000 元，已转入企业账户。

中国工商银行**托收承付凭证**（收账通知）

委托日期：2016 年 11 月 26 日
承付日期：2016 年 12 月 2 日

付款人	全称	北海机械厂		收款人	全称	邕江机械厂									
	账号或地址	333333333333			账号或地址	123456789000									
	开户银行	北部湾银行北海支行			开户银行	北部湾银行邕江支行									
托收金额	人民币（大写）：贰拾万元整			千	百	十	万	千	百	十	元	角	分
						¥	2	0	0	0	0	0	0	0
附件		商品发运情况		合同名称号码										
附寄单证：4 张　　铁路				B002										
备注： 北部湾银行邕江支行 2016.12.02 办讫		上列款项已由付款人开户银行全额划回收入你方账户。 此致！ 收款人 （收款人开户行盖章）　　年 月 日				科目： 对方科目： 转账日期：2016 年 12 月 2 日 单位主管：　会计： 复核：　　记账：								

2. 邕江机械厂向山西贸易公司销售工程车 10 台，单价 180000 元，计价款 1800000 元，增值税销项税额 306000 元，以转账支票垫付运费 9900 元，产品已发出，并向银行办理了托收承付手续。

北部湾银行转账支票存根

支票号码　000010

科目　_____

对方科目　_____

签发日期贰零壹陆年壹拾贰月零贰日

| 收款人：南宁汽运公司 |
| 金额：¥9900.00 |
| 用途：运费 |
| 备注： |

单位主管　黄士清　　会计：卢珍珍

广西增值税专用发票

450007400

№.0060004

记账联

机器编号：889904545495　　　　　　　　　　　开票日期：2016 年 12 月 2 日

购货单位	名　　　　称：	山西贸易公司				密码区	54>>89*I-912568-+0153I*568135-I*0413 加密版本：0I00I2I=I/*45I< 4563*I15-185 */0I-+I5I54	
	纳税人识别号：	30110054681744						
	地址、电话：	太原市人民路 8 号 0351-5557474						
	开户行及账号：	中国工商银行太原支行 444444444444						
货物或应税劳务名称	规格型号	单位	数量	单价	金额	税率	税额	
工程车	10T	台	10	180000	1800000	17%	30600	
合计					¥1800000		¥306000	
价税合计（大写）	⊗ 贰佰壹拾万零陆仟元整（小写）				¥2106000.00			
销货单位	名　　　　称：	邕江机械厂						
	纳税人识别号：	45010254689777						
	地址、电话：	南宁市邕江路 1 号 0771-3353001						
	开户行及账号：	北部湾银行邕江支行 123456789000						

邕江机械厂
45010254689777
发票专用章

收款人：李玟　　　复核：张强　　　开票人：张茜　　　　　销货单位：(章)

第四联：记账联　销货方记账凭证

税总函（2014）123 号广西印刷厂

第 5 章　销售核算

103

450017771　　　　　　　　　　　　　　　　　　　　　№0088438

发票联

机器编号：889904543538　　　　　　　　　开票日期：2016 年 12 月 2 日

购买方	名称：	山西贸易公司				密码区	66*>89*|-912568-+0153|*568135-|*0413 加密版本：0100121=||*451<4563*|15-185*|01-+15157
	纳税人识别号：	30110054681744					
	地址、电话：	太原市人民路 8 号 0351-5557474					
	开户行及账号：	中国工商银行太原支行 444444444444					

货物或应税劳务名称 运费	规格型号	单位	数量	单价	金额 8918.92	税率 11%	税额 981.08
合计					¥8918.92		¥981.08

价税合计（大写）	⊗ 玖仟玖佰元整	（小写）¥9900.00

销售方	名称：	南宁汽运公司
	纳税人识别号：	45010854153774
	地址、电话：	南宁市唐山路 1 号 0771-9903777
	开户行及账号：	北部湾银行邕州支行 789546278777

南宁汽运公司
45010854153774
发票专用章

收款人：宋一江　　复核：赵文　　开票人：吴用　　　　　　销货单位：（章）

第二联：发票联　购货方记账凭证

税总函 (2014) 123 号广西印刷厂

邮

中国工商银行**托收承付凭证**（承付 有款 回单）　　　第 号

托收号码：

委托日期：2016 年 12 月 2 日

		承付期限
		2017 年 1 月 2 日到期

付款人	全称	山西贸易公司	收款人	全称	邕江机械厂	
	账号或地址	444444444444		账号	123456789000	
	开户银行	中国工商银行太原支行		开户银行	北部湾银行	行号 001

托收金额	人民币（大写）：	贰佰壹拾壹万伍仟玖佰元整	千	百	十	万	千	百	十	元	角	分
			¥	2	1	1	5	9	0	0	0	0

附件		商品发运情况	合同名称号码
附寄单证张数或册数	2		C001

备注：

北部湾银行邕江支行
2016.12.02
办讫

付款人注意

1. 根据结算办法规定，上列托收款项，在承付期限内未拒付时，即视同全部承付，如系全额支付即以此联代支款通知；如遇延付或部分支付时，再由银行另送延付或部分支付的支款通知。

2. 如需提前承付或多承付时，应另写书面通知送银行办理。

3. 如系全部或部分拒付，应在承付期限内另填拒绝承付理由书送银行办理。

单位主管：　　会计：　　复核：　　记账：　　付款人：　　开户银行：　　盖章　　月　　日

第 5 章　销售核算

3. 邕江机械厂销售给王安公司工程车 2 台，单价 200000 元，计价款 400000 元，增值税销项税额 68000 元，产品已发出，以转账支票垫付运杂费 2000 元，同时收到一张期限为 60 天，票面利率为 6% 的商业承兑汇票。

北部湾银行转账支票存根

支票号码　000011

科目　_____

对方科目　_____

签发日期贰零壹陆年壹拾贰月零贰日

收款人：南宁汽运公司	
金额：¥2000.00	
用途：运费	
备注：	

单位主管：黄士清　会计：卢珍珍

商业承兑汇票 （收款联）

2

签发日期 2016 年 12 月 2 日　　　　　　第 512 号

<table>
<tr><td rowspan="3">付款人</td><td>全称</td><td colspan="2">王安公司</td><td rowspan="3">收款人</td><td>全称</td><td colspan="2">邕江机械厂</td></tr>
<tr><td>账号</td><td colspan="2">555511122345</td><td>账号</td><td colspan="2">123456789000</td></tr>
<tr><td>开户银行</td><td>北部湾银行</td><td>行号　007</td><td>开户银行</td><td>北部湾银行</td><td>行号　001</td></tr>
<tr><td>汇票金额</td><td colspan="3">人民币
　　　　肆拾柒万元整
（大写）</td><td colspan="2">千 百 十 万 千 百 十 元 角 分
　　　¥ 4 7 0 0 0 0 0 0</td></tr>
<tr><td>汇票到期日</td><td colspan="3">2017 年 2 月 2 日</td><td>票面利率</td><td>6%</td></tr>
</table>

备注：
　本汇票已经本单位承兑，到期无条件付票据款。此致

付款人

付款人签章

负责经办

此联收款人存查

广西增值税专用发票

450007400

№.0060006

全国统一发票监制章
记账联
国家税务总局监制

机器编号：889904545495　　　　　　　　　　　开票日期：2016 年 12 月 2 日

购货单位	名　　　称：	王安公司				密码区	10>>89*1-912568-+0153*568135-*0413 加密版本：010012*=*451<4563*15-185 *101-+15150
	纳税人识别号：	40510354681123					
	地址、电话：	防城港市人民路 18 号 0770-5551111					
	开户行及账号：	北部湾银行防城支行 222222444444					

货物或应税劳务名称	规格型号	单位	数量	单价	金额	税率	税额
工程车	10T	台	2	200000	400000	17%	68000
合计					¥400000		¥68000

价税合计（大写）	⊗ 肆拾陆万捌仟元整（小写）	¥468000.00

销货单位	名　　　称：	邕江机械厂	备注	邕江机械厂 45010254689777 发票专用章 销货单位：（章）
	纳税人识别号：	45010254689777		
	地址、电话：	南宁市邕江路 1 号 0771-3353001		
	开户行及账号：	北部湾银行邕江支行 123456789000		

收款人：李玫　　复核：张强　　开票：张茜

第四联：记账联　销货方记账凭证

税总函（2014）123 号广西印刷厂

广西增值税专用发票

450017771

№0088439

全国统一发票监制章
发票联
国家税务总局监制

机器编号：889904543538　　　　　　　　　　　开票日期：2016 年 12 月 2 日

购买方	名　　称：	王安公司				密码区	66*>89*1-912568-+0153*568135-*0413 加密版本：010012*=*451<4563*15-185*101-+15157
	纳税人识别号：	40510354681123					
	地址、电话：	防城港市人民路 18 号 0770-5551111					
	开户行及账号：	北部湾银行防城支行 222222444444					

货物或应税劳务名称	规格型号	单位	数量	单价	金额	税率	税额
运费					1801.80	11%	198.20
合计					¥1801.80		¥198.20

价税合计（大写）	⊗ 贰仟元整	（小写）¥2000.00

销售方	名　　　称：	南宁汽运公司	备注	南宁汽运公司 45010854153774 发票专用章 销货单位：（章）
	纳税人识别号：	45010854153774		
	地址、电话：	南宁市唐山路 1 号 0771-9903777		
	开户行及账号：	北部湾银行邕州支行 789546278777		

收款人：宋一江　　复核：赵文　　开票：吴用

第二联：发票联　购货方记账凭证

税总函（2014）123 号广西印刷厂

第 5 章　销售核算

4. 邕江机械厂采用分期收款销售方式向光大设备厂销售工程车 10 台，单价 180000 元，增值税销项税额为 306000 元，该产品的成本为 150000 元，合同约定分三次收款，当日收到转账支票支付价税款的 1/3，剩余款分别于 12 月 19 日和 29 日收回。

产 品 出 库 单

凭证编号：000001

用途：产品销售　　　　　　　　　　2016 年 12 月 9 日　　　　　产成品库：1 号

类别	编号	名称及规格	计量单位	数量	单位成本	总成本	附注：
	001	工程车	台	10	150000	1500000	
							分三期收款销售
	合计			10	150000	1500000	

记账：卢珊珊　　　　保管：王小毛　　　　　检验：张清　　　　　　　制单：李伟山

广西增值税专用发票

450007400

No.60007

记账联

机器编号：889904545495　　　　　　　　　　　　开票日期：2016 年 12 月 9 日

购货单位	名　　称：	光大设备厂		密码区	19>>89*1-912568-+0153/*568135-/*0413 加密版本：0100121=/*451< 4563*/15-185 */01-+15170
	纳税人识别号：	40510354682301			
	地址、电话：	桂林市四湖路 8 号 0773-7771111			
	开户行及账号：	北部湾银行桂林支行 567951348125			

货物或应税劳务名称	规格型号	单位	数量	单价	金额	税率	税额
工程车	10T	台	10	180000	1800000	17%	306000
合计					¥1800000		¥306000

价税合计（大写）	⊗ 贰佰壹拾万零陆仟元整（小写）	¥2106000.00

销货单位	名　　称：	邕江机械厂	备注	邕江机械厂 45010254689777 发票专用章
	纳税人识别号：	45010254689777		
	地址、电话：	南宁市邕江路 1 号 0771-3353001		
	开户行及账号：	北部湾银行邕江支行 123456789000		

收款人：李玫　　　复核：张强　　　开票人：张茜　　　　　　　销货单位：（章）

附：出库单、增值税专用发票、进账单。

税总函〔2014〕123 号广西印制厂

第四联：记账联　销货方记账凭证

北部湾银行**进账单**（回单或收账通知）

2016 年 12 月 9 日

收款人	全称	邕江机械厂	付款人	全称	光大设备厂
	账号或地址	123456789000		账号或地址	567951348125
	开户银行	北部湾银行邕江支行		开户银行	北部湾银行桂林支行

人民币（大写）：柒拾万零伍仟元整	千	百	十	万	千	百	十	元	角	分
	￥	7	0	5	0	0	0	0	0	0

北部湾银行邕江支行 2016.12.09 办讫

票据种类	转账支票	收款人开户银行盖章：
票据张数	1	

单位主管　会计　复核　记账

北部湾银行**进账单**（回单或收账通知）

2016 年 12 月 19 日

收款人	全称	邕江机械厂	付款人	全称	光大设备厂
	账号或地址	123456789000		账号或地址	567951348125
	开户银行	北部湾银行邕江支行		开户银行	北部湾银行桂林支行

人民币（大写）：柒拾万零伍仟元整	千	百	十	万	千	百	十	元	角	分
	￥	7	0	5	0	0	0	0	0	0

北部湾银行邕江支行 2016.12.09 办讫

票据种类	转账支票	收款人开户银行盖章：
票据张数	1	

单位主管　会计　复核　记账

北部湾银行**进账单**（回单或收账通知）

2016 年 12 月 29 日

收款人	全称	邕江机械厂	付款人	全称	光大设备厂
	账号或地址	123456789000		账号或地址	567951348125
	开户银行	北部湾银行邕江支行		开户银行	北部湾银行桂林支行

人民币（大写）：柒拾万零伍仟元整	千	百	十	万	千	百	十	元	角	分
						0	0	0	0	0

北部湾银行邕江支行 2016.12.09 办讫

票据种类	转账支票	收款人开户银行盖章：
票据张数	1	

单位主管　会计　复核　记账

三、实训要求

1. 根据实训资料填制记账凭证。
2. 将原始凭证按会计基础工作规范要求处理，附在记账凭证后面。
3. 根据记账凭证登记明细账。

第6章 税费核算

实训13 期间费用

一、实训目的

通过实训，学生能够熟悉企业期间费用的主要业务内容，熟知销售费用、管理费用、财务费用等的归集与分配流程及各类文书、凭证，熟练掌握相关会计核算处理。

二、实训资料

1. 计提本月2日收到王安公司的商业承兑汇票的利息（参见实训12第3笔业务）。

应收票据利息计算表

2016 年 12 月 31 日

票据种类		票面金额	
计息时间		票面利率	
应得利息	人民币（大写）	¥：	

复核：黄士清　　　　　　　　　　　　　　制表：卢珍珍

2. 邕江机械厂于6月30日从北部湾银行借入的流动资金借款50000元，期限为6个月，年利率为6%，今日到期偿还本息，前期利息已逐月支付。

计收（付）利息清单（付款通知）

2016 年 16 月 31 日

户名		邕江机械厂	
计息起止时间	2016 年 7 月 7 日至 2017 年 12 月 31 日		
存款账号	计息日积数	年利率	利息金额
123456789000	250000.00	6%	1250.00

北部湾银行邕江支行
2016.12.31
办讫

贵单位上述应偿借款利息已从贵单位账户划出。

复核：张雄　记账：覃兵

北部湾银行**流动资金**还款凭证（回单）

2016 年 12 月 31 日

付款人	名称	邕江机械厂		借款人	名称	邕江机械厂
	存款账号	123456789000			贷款账号	450123456789
	开户分行	北部湾银行邕江支行			开户银行	北部湾银行邕江支行
计划还款日期		2016 年 12 月 31 日		还款次序		第 1 次还款
借款金额		人民币（大写）陆万元整		¥60000.00 北部湾银行邕江支行 2016.12.31		
还款内容		6 个月短期借款				
备注：				上述借款已从你单位往来账户内转还。 此致 借款单位 银行盖章 2016 年 12 月 31 日		

3. 邕江机械厂计提本月 1 日购入茂炼转债的应计利息。

应收债券利息计算表

2016 年 12 月 31 日

债券名称	企业债券	发行单位	茂名炼化厂
债券面值	1000 元	债券数量	100 张
债券票面利率	12%	计息时间	2016 年 12 月
应收利息	人民币（大写）壹仟元整	¥：1000.00	
债券投资损益	人民币（大写）壹仟元整	¥：1000.00	

财务盖章： 财务专用章　　复核：黄士清　　制表：卢珍珍

4. 邕江机械厂支付给南宁市会计培训中心财会人员后续教育费 3000 元。

广西壮族自治区事业性收费统一收据 A 桂 O23564

№.8874020

交款单位		邕江机械厂	收据专用章	收费许可证字号	10003600							
收费项目		数量	收费标准	金额								
				十	万	千	百	十	元	角	分	
后续教育培训费		150	20			3	0	0	0	0	0	
付讫 合计						¥	3	0	0	0	0	0
合计金额（大写）		零拾零万叁仟零佰零拾零元零角零分										
备注			结算方式	转账支票								
收款单位（公章）		财务主管（章）		收款人（章） 周洁								

北部湾银行转账支票存根

支票号码　000310

科目　_____

对方科目　_____

签发日期　　年　月　日

收款人：	
金额：	
用途：	
备注：	

账务专用章

单位主管：黄士清　会计：卢珍珍

5. 计提本月份固定资产折旧。

固定资产折旧计提表

2016 年 12 月 31 日

部门	固定资产名称	原值	月折旧率	月折旧额
生产车间	房屋建筑物	10000000	4‰	
	机器设备	2000000	5‰	
	小计			
辅助车间	房屋建筑物	200000	4‰	
	机器设备	600000	5‰	
	小计			
销售部门	房屋建筑物	400000	4‰	
	小计			
厂部	房屋建筑物	1000000	4‰	
	机器设备	100000	3‰	
	小计			
合计				

复核：黄世清　　　制表：卢珍珍

6. 摊销本月应负担的无形资产价值，其中，专利权 1600 元，非专利技术 2400 元。

无形资产摊销表

2016 年 12 月 31 日

账　户	项　目	摊　销　额
无形资产	专利权	1600 元
	非专利技术	2400 元
合计		元

复核：黄士清　　　制表：卢珍珍

7. 邕江机械厂支付广西区国际事务博览局展位费400000元。

广西壮族自治区事业性收费统一收据 A 桂 O23778

No.**987411**

交款单位		邕江机械厂		收费许可证字号			10003677				

	收费项目		数量	收费标准	金额							
					十	万	千	百	十	元	角	分
	展位费		2	20000		4	0	0	0	0	0	0
付讫												
	合计				¥	4	0	0	0	0	0	0

第二联收据

合计金额(大写)	零拾肆万零仟零佰零拾零元零角零分		
备注		结算方式 转账支票	周洁
收款单位（公章）	财务主管（章）	收款人（章）	

北部湾银行转账支票存根

支票号码　　000310

科目 _____

对方科目 _____

签发日期　　年　月　日

收款人：	
金额：	
用途：	
备注：	

单位主管：黄士清　会计：卢珍珍

8. 邕江机械厂摊销本月应负担的管理部门的房屋维修费5000元，保险费3000元。

长期待摊费用摊销表

2016 年 12 月 31 日

账　户	项　目	摊　销　额
长期待摊费用	管理部门房屋维修费	5000元
	财产保险费	3000元
合计		8000元

复核：黄士清　　制表：卢珍珍

第 6 章 税费核算

9. 邕江机械厂计提坏账准备。

坏账准备提取计算表

2016 年 12 月 31 日

账户名称	期末余额	坏账提取率	应提取额	坏账准备余额	实际提取额
应收账款	2000000	5‰		12000	
其他应收款	100000	5‰		300	
合计					

复核：黄士清　　　　制表：卢珍珍

10. 收到银行付款通知支付电话费。

特种转账借方凭证

币别：人民币　　　　　2016 年 12 月 31 日　　　　　流水号：5546-74

付款人	全称	邕江机械厂	收款人	全称	广西区电信公司南宁分公司
	账号	123456789000		账号	42568955855688635
	汇出行名称	北部湾银行邕江支行		汇入行名称	建行南宁园湖北湖支行

金额	（大写）捌仟零贰拾陆元整	亿	千	百	十	万	千	百	十	元	角	分
							¥	8	0	2	6	0	0

北部湾银行邕江支行
2016.12.31
办讫

用途：代扣电信通信费

客户签章

第二联客户回单

中国电信 CHINA TELECOM

南宁市本地网电信业务专用发票　　　桂 A　215016

第二联：发票联　　　　　　　　　　　　　　(09)ANo. 5688542

受理编号：210370000　　　　　　2016 年 12 月 31 日

广西区电信特种票证印务有限公司

用户名称	邕江机械厂	电话号码	3353001
收费事由	2016 年 12 月电信通信费	流水号	20111231132540
用户地址	南宁市邕江路 1 号		

本月实收：0.00　　　　上月预存：本月话费：8026
往月欠费：0.00　　　　违约金：0.00
月租费：35.00　　市话费：817.00　　长话费：6614　　本地网费：560.00

合计（大写）	捌仟零贰拾陆元整	（小写）	¥8026.00

开票单位（盖章有效）　　　　　发票专用章　　　开票人：陆静　　　（手写无效）

此联为报销凭据

11. 黄士清报销差旅费。

差旅费报销单

报销部门：财务部　　　　　　　　财务部填报日期：2016 年 12 月 31 日

姓名	黄士清			职别	会计主管		出差事由	培训	

出差起止日期自　2016 年 12 月 9 日起至 2016 年 12 月 17 日止共 9 天附单据 4 张。

日期		起讫地点	天数	机票费	车船费	市内交通费	住宿费	出差补助	其他	小计
月	日									
12	9	南宁—上海						720		
12	17	上海—南宁								
		合计								¥

总计金额（大写）	伍仟柒佰零肆元整	预支¥5000.00 元

负责人柏费景　　会计　　出纳　　部门主管　　出差人 黄士清

南宁

南宁　　　　上海南　K538

2016 年 12 月 9 日 10:55 开 11 车 32 号下辅

售

全价 642.00 元　新空调硬座快速卧

限乘当日当次车
在 4 日内到有效

33100100605D004687617

上海　售

上海南　　　南宁　K537

2016 年 12 月 17 日 16:49 开 11 车 12 号下辅

全价 343.00 元　新空调硬座快速卧

限乘当日当次车
在 4 日内到有效

上海市道路客运定额发票

全国统一发票监制章
四联定额

发票联

地方税务局监制

贰佰元

（票价含旅客意外、公建金）

上海大众出租车公司

发票代码: 3650104113582684205315

发票号码: 01456852

发票专用章

收款单位（盖章有效）　年　月　日

或个人

粘贴单

零星小张单据呈鱼鳞状排列粘贴，不可重叠粘在一起，粘贴的单据不可超出本单面积

单据张数：4张	金额：¥5704元	大写：伍仟柒佰零肆元整	经手人 黄士清

上海增值税专用发票

210012105　　　　　　　　　　　　　　　　　　　　**№0021219**

全国统一发票监制章
发票联
国家税务总局监制

机器编号：889902121001　　　　　　　　　　**开票日期：2016 年 12 月 17 日**

购买方	名　　称：	邕江机械厂			密码区	66*>89*｜-912568-+0153｜*568135-｜*0413		
	纳税人识别号：	45010254689777				加密版本：0100121=｜｜*451<4563*｜15-		
	地　址、电话：	南宁市邕江路 1 号 0771-3353001				185*｜01-+15157		
	开户行及账号：	北部湾银行邕江支行 123456789000						
货物或应税劳务名称	规格型号	单位	数量	单价	金额	税率	税额
住宿费	标准间	间夜	7	500	3301.89	6%	198.11
合计					¥3301.89		¥198.11
价税合计（大写）		⊗ 叁仟伍佰元整				（小写）¥3500.00	
销售方	名　　称：	锦江饭店			锦江饭店		
	纳税人识别号：	21021021212211			21021021212211		
	地　址、电话：	上海市桂林路 1 号 021-99903888			发票专用章		
	开户行及账号：	北部湾银行上海支行 789546278888			销货单位（章）		

收款人：冯志斌　　　**复核：赵文文**　　　**开票人：吴家敏**

三、实训要求

1. 填列实训资料中的相关计算表及支票存根。
2. 根据实训资料填制记账凭证。
3. 将原始凭证按会计基础工作规范要求处理，附在记账凭证后面。
4. 根据记账凭证登记明细账。

实训 14   纳 税 处 理

一、实训目的

通过实训，学生能够熟悉企业主要的纳税业务，熟知增值税、营业税、消费税等的处理流程及各类文书、凭证，熟练掌握相关会计核算业务。

二、实训资料

1. 邕江机械厂计算并结转本月应交纳的增值税、城市维护建设税及教育费附加。

增值税、营业税金及附加计算表

2016 年 12 月 31 日

项目	金额
产品销项税额	2720000.00
进项税额	1904000.00
进项税转出	95200.00
应纳增值税额	
应交营业税	50000.00
应交消费税	175000.00
应纳城建税额（7%）	
应交教育费附加（3%）	

复核：黄士清   制表：卢珍珍

2. 缴纳各项税金。

中华人民共和国 （国）

税收通用缴款书（2016）

隶属关系：一般纳税人　　　　　　　　　　　　　　　　　　　　桂国缴电 **5821264** 号

注册类型：有限责任公司　　填发日期 2017 年 1 月 2 日　　　　征收机关：江南区分局

缴款单位（人）	代码	45010254689777			预算科目	编码	101010103
	全称	邕江机械厂				名称	增值税，消费税
	开户银行	北部湾银行邕江支行				级次	
	账号	123456789000			收款国库		江南区金库(1)

税款所属时期 **2016.12.01——2016.12.31**　　　　　税款限缴日期 **2017** 年 **1** 月 **15** 日

品目名称	课税数量	计税金额或销售收入	税率或单位税额	已缴或扣除额	实缴金额
增值税			17%		
消费税					
金额合计（大写）	（大写）				¥

缴款单位（人）（盖章）经办人（章）	税务机关（盖章）填票人（章）	上列税款项已收妥并划转收款单位账户 国库（银行）盖章　　　　年　　月　　日 逾期不缴按税法规定加收滞纳金		备注正常税款

北部湾银行邕江支行
2017.01.02

第一联 收据 国库（银行）收款盖章后退缴款单位（人）作完税凭证

无银行收讫章无效

中华人民共和国 （地）

税收通用缴款书（2016）

隶属关系：　　　　　　　　　　　　　　　　　　　　　　　　桂地缴电 **5864212** 号

注册类型：有限责任公司　　填发日期 2017 年 1 月 日　　　　征收机关：江南区分局

缴款单位（人）	代码	45010254689777			预算科目	编码	030400
	全称	邕江机械厂				名称	城建税，教育附加税，营业税
	开户银行	北部湾银行邕江支行				级次	
	账号	123456789000			收款国库		江南区金库(2)

税款所属时期 **2016.12.01——2016.12.31**　　　　　税款限缴日期 **2017** 年 **1** 月 **15** 日

品目名称	课税数量	计税金额或销售收入	税率或单位税额	已缴或扣除额	实缴金额
城建税			7%		
教育费附加			3%		
营业税					
金额合计（大写）	（大写）				¥

缴款单位（人）（盖章）经办人（章）	税务机关（盖章）填票人（章）	上列款项已收妥并划转收款单位账户 国库（银行）盖章　　　　年　　月　　日 逾期不缴按税法规定加收滞纳金		备注正常税款

北部湾银行邕江支行
2017.01.02

第一联 收据 国库（银行）收款盖章后退缴款单位（人）作完税凭证

无银行收讫章无效

3. 将"应交税费——应交增值税"账户余额转入"应交税费——未交增值税"明细账户。

三、实训要求

1. 填列实训资料中的相关计算表及税收通用缴款书。
2. 根据实训资料填制记账凭证。
3. 将原始凭证按会计基础工作规范要求处理，附在记账凭证后面。
4. 根据记账凭证登记明细账。

第7章 利润核算

实训 15 利 润 结 转

一、实训目的

通过实训，学生能够熟知企业的期间损益结转内容及过程，熟练掌握相关会计核算业务。

二、实训资料

（一）特殊业务

1. 邕江机械厂应付中南公司的尾款 5000 元，经中南公司董事会讨论，决定予以豁免。

中原公司董事会决定书（副本）

邕江机械厂：

经本公司董事会研究，你厂欠我公司的货款伍仟元人民币（¥5000 元），考虑到你厂对本公司的大力支持，本公司全体董事一致认为应该豁免你厂的欠款。本公司第 13 次董事会已经形成决议，请贵厂接到我公司决定书后调整账目。

中南股份有限公司

董事长：田汉麟

2016 年 12 月 31 日

---

2. 邕江机械厂应收光华设备厂 234000 元的货款及税款，光华设备厂财务发生困难，不能正常支付，经双方协商，光华设备厂以一台数控机床抵债，该数控机床的计税价格 200000 元。

广西增值税专用发票

450205366   №.00625745

机器编号：889904545505   开票日期：2016 年 12 月 31 日

购货单位	名 称：	邕江机械厂				密码区	72>>89*|-912568-+0153|* 568135-|*0412加密版本：0100121=|*451 <4563*|5-185 *|01-+15151		
	纳税人识别号：	45010254689777							
	地址、电话：	南宁市邕江路 1 号 0771-3353001							
	开户行及账号：	北部湾银行邕江支行 123456789000							

货物或应税劳务名称	规格型号	单位	数量	单价	金额	税率	税额
数控机床	ZN	台	1	200000	200000	17%	34000
合计					¥200000.00		¥34000.00

价税合计（大写）	⊗ 贰拾叁万肆仟元整 （小写）¥234000.00

销货单位	名 称：	光华设备厂	
	纳税人识别号：	45020222364444	
	地址、电话：	柳州市天鹅路 18 号 0772-7530546	
	开户行及账号：	工行柳州五一办 56894514455333	

光华设备厂
45020222364444
发票专用章

收款人：张一丹   复核：秦小晖   开票：葛玲   销货单位：（章）

固定资产验收交接单

保管使用单位：车间   2016 年 12 月 31 日   No.07

固定资产名称	型号规格	计量单位	数量	金额	制造工厂
数控机床	ZN	台	1	234000.00	光华设备厂
订购日期		批准支出金额		附属设备情况	
到公司日期	12.31	可使用年限	10	固定资产管理部门意见	同意接收，交车间使用
业务部参加验收意见	同意接收。王正 12.31	使用（保管）验收签证			12.31

主管：金龙玉   经办人：鲁花

税总函〔2014〕123 号广西印刷厂

第二联：发票联 购货方记账凭证

第 7 章 利润核算

3. 年终调整交易性金融资产成本与公允价值的差额。

交易性金融资产成本与公允价值比较表

2016 年 12 月 31 日

种类	成本价	公允价值	变动损益
河北钢铁	400000	380000	
合计			

复核：黄士清　　　　　制表：卢珍珍

（二）结转销售成本

销售参见此前所有实训资料，假定完工产品成本工程车每台 150000 元。

（三）期间损益结转

参见此前所有实训资料。

损益类账户发生额汇总表

2016 年 12 月

收入类账户	本月发生额	支出类账户	本月发生额

复核：黄士清　　　　　制表：卢珍珍

三、实训要求

1. 填列相关计算表。
2. 根据实训资料填制记账凭证。
3. 根据记账凭证登记明细账。

实训 16　企业所得税

一、实训目的

通过实训，学生能够熟知企业所得税的计算与纳税调整，熟练掌握相关业务的会计核算。

二、实训资料

根据全年利润总额（已知利润总额 1000000 元）计算全年应交所得税费用并结转。但有如下调整事项：

1. 国债利息收入 50000 元；
2. 罚息支出 10000 元；
3. 超标业务招待费 90000 元。

应交所得税费用计算表

2016 年度

全年利润总额	应调整数	全年应纳税所得额	所得税费用率	应交所得税费用
			25%	

复核：黄士清　　　　　制表：卢珍珍

三、实训要求

1. 填列应交所得税费用计算表。
2. 根据实训资料填制记账凭证。
3. 结转所得税费用。
4. 将原始凭证按会计基础工作规范要求处理，附在记账凭证后面。
5. 根据记账凭证登记明细账。

实训 17　利 润 分 配

一、实训目的

通过实训，学生能够熟知企业的利润分配顺序与内容，熟练掌握相关业务的会计核算。

二、实训资料

1. 根据上年未分配利润（已知）和本年净利润（以实训 16 为准）进行利润分配，按 10% 计提法定盈余公积，按 5% 计提任意盈余公积，按 20% 向投资者分配利润。

利润分配表

2016 年度

项目	金额	分配率	分配额
上年未分配利润	200000.00		
本年净利润			
可供分配利润			
法定盈余公积		10%	
任意盈余公积		5%	
应付投资者股利		20%	
未分配利润			

复核：黄士清　　　　　制表：卢珍珍

2. 将"本年利润"账户余额和"利润分配"各明细账户的余额全部结转到"利润分配——未分配利润"明细账户，结出余额。

本年利润和利润分配结转表

2016 年度

账户	金额
本年利润	
利润分配——法定盈余公积	
——任意盈余公积	
——应付投资者利润	
——未分配利润	

复核：黄士清　　　　　制表：卢珍珍

三、实训要求

1. 填列利润分配表、本年利润和利润分配结转表。
2. 根据实训资料填制记账凭证。
3. 将原始凭证按会计基础工作规范要求处理，附在记账凭证后面。
4. 根据记账凭证登记明细账。

第8章 财务报表

实训18 期末结账

一、实训目的

通过实训，学生能够熟知企业的期末账务处理顺序与内容，熟练掌握相关业务的会计核算。

二、实训资料

（本实训为独立部分）南宁特种设备厂2016年12月发生如下经济业务。

1. 1日，开出现金支票提取现金5000元备用。

2. 2日，以银行存款支付广告费5000元。

3. 2日，销售给桂林公司A产品4台，单价5000元，增值税税率为17%，收到转账支票一张，当日送存银行。

4. 2日，采购员张三丰出差借现金5000元。

5. 3日，销售给岳不群B产品1台，收到现金10000元。

6. 3日，将当日收入现金15000元存入银行。

7. 4日，从北海公司购甲材料200千克，单价200元，增值税税率为17%，款未付，材料已验收入库。

8. 4日，用银行存款支付业务招待费5000元。

9. 5日，用银行存款购买转账支票、现金支票各1本，计50元。

10. 5日，预订2017年第一季度报刊杂志费计1000元，开出转账支票。

11. 6日，综合办秘书李鸿章报销市内差旅费150元，以现金支付。

12. 7日，上缴上月应交增值税20000元。

13. 8日，从南海公司购乙材料100千克，单价500元，增值税税率为17%，已开出转账支票，材料已验收入库。

14. 8日，从西海购入甲材料500千克，单价180元，增值税税率为17%，已开出转账支配，材料已验收入库。

15. 9日，接受华山公司投资设备5台，评估确认价值为50000元，已交付管理部门使用。

16. 9日，销售给钦州公司A产品5台，单价6000元，增值税税率为17%，款尚未收到。

17. 10 日，收到银行转来付款通知，支付本月电话费 8000 元。

18. 10 日，收到银行转来付款通知，支付本月电费 6000 元。经查表，生产车间用电 4800 度，管理部门用电 1200 度。

19. 11 日，采购员张三丰出差归来，报销差旅费 3700 元，退回现金 1300 元。

20. 13 日，收到投资者黄山公司人民币 500000 元，款项已存入银行。

21. 14 日，从东海公司购甲材料 800 千克，单价 150 元，增值税税率为 17%，款已付，货验收已入库。

22. 15 日，从中海公司购乙材料 600 千克，单价 400 元，增值税税率为 17%，款已付。

23. 16 日，销售给玉林公司 A 产品 8 台，单价 6000 元，增值税税率为 17%，收到转账支票一张，款存银行。

24. 17 日，销售给贵港公司 B 产品 8 台，单价 9000 元，增值税税率为 17%，收到转账支票一张，款存银行。

25. 24 日，从银行提取现金 65000 元，备发工资。

26. 24 日，用现金发放工资 65000 元。

27. 24 日，分配本月工资。其中车间生产工人工资 30000 元，车间管理人员工资 10000 元，销售部门人员工资 10000 元，行政管理人员工资 15000 元。A 产品耗用 20000 工时，B 产品耗用 10000 工时。

28. 24 日，已经实际发生福利费 15000 元，票据齐全，已经审批。

29. 25 日，收到桃花岛公司投资收益 200000 元，银行通知款已收妥。

30. 27 日，销售给衡山公司甲材料 300 千克，单价 220 元，增值税税率为 17%，款项尚未收到。

31. 28 日，收回 9 日销售给钦州公司 A 产品的货款。

32. 28 日，偿还从北海公司购甲材料的全部货款。

33. 30 日，销售给贺州公司 B 产品 5 台，单价 8000 元，增值税税率为 17%，款项未收。

34. 31 日，根据领料单汇总，车间领用甲材料 1000 千克，单价 200 元，金额为 200000 元，其中 450 千克用于生产 A 产品，500 千克用于生产 B 产品，50 千克用于车间一般消耗；车间领用乙材料 800 千克，单价 500 元，金额为 400000 元，其中 320 千克用于生产 A 产品，480 千克用于生产 B 产品。

35. 31 日，计提本月折旧 2500 元。其中车间计提 1500 元，专设销售机构计提 500 元，企业行政管理部门计提 500 元。

36. 31 日，将制造费用按工时比例分配。

37. 31 日，结转本月完工入库产品的成本，其中 A 产品 20 台，B 产品 40 台。期末，A 产品未完工产品成本为 15000 元，B 产品未完工产品成本为 10000 元（A 产品单位成本为 3500 元，B 产品单位成本为 6000 元）。

38. 31 日，结转本月已销材料成本，单位成本 180 元。

39. 31 日，结转本月已销 A 产品、B 产品的成本。

40. 31 日，计算本月应交所得税税率为 25%。

41. 31 日，结转损益类账户。

42. 31 日，结转"本年利润"账户。

43. 31 日，按税后利润的 10%计提盈余公积。

44. 31 日，将计提盈余公积后剩余利润的 50%分配给投资者（华山公司、黄山公司按 6:4 的比例分配）。

45. 31 日，将"利润分配"有关明细账户余额转入"利润分配—未分配利润"账户。

三、实训要求

1. 逐笔编制记账凭证。

2. 按旬汇总记账凭证，编制科目汇总表。

3. 登记总账。

4. 根据实训资料，结计出余额、发生额，编制试算平衡表。

5. 核对无误后，进行期末结账。

实训 19　编制报表

一、实训目的

通过实训，学生能够熟练掌握主要会计报表的编制原理和方法，熟悉各会计报表之间的勾稽关系，并能检查是否正确。

二、实训资料

沿用实训 18 资料。

三、实训要求

1. 根据实训资料编制资产负债表。

2. 根据实训资料编制利润表。

3. 根据实训资料编制现金流量表。

4. 根据实训资料编制所有者权益变动表。

附　录

一、记账凭证

记 账 凭 证

年　月　日　　　　　　　　　　　　　　　　　字第　号

摘　要	总账科目	明细科目	借 方 金 额										√	贷 方 金 额										√	
			千	百	十	万	千	百	十	元	角	分		千	百	十	万	千	百	十	元	角	分		
																									附
																									件
																									张
合　计																									

会计主管　　　　　记账　　　　　　复核　　　　　　出纳　　　　　制单

记 账 凭 证

年　月　日　　　　　　　　　　　　　　　　　字第　号

摘　要	总账科目	明细科目	借 方 金 额										√	贷 方 金 额										√	
			千	百	十	万	千	百	十	元	角	分		千	百	十	万	千	百	十	元	角	分		
																									附
																									件
																									张
合　计																									

会计主管　　　　　记账　　　　　　复核　　　　　　出纳　　　　　制单

记 账 凭 证

年　月　日　　　　　　　　　　　　　字第　号

摘　要	总账科目	明细科目	借方金额										√	贷方金额										√	
			千	百	十	万	千	百	十	元	角	分		千	百	十	万	千	百	十	元	角	分		附
																									件
																									张
	合　计																								

会计主管　　　　　记账　　　　　复核　　　　　出纳　　　　　制单

- -

记 账 凭 证

年　月　日　　　　　　　　　　　　　字第　号

摘　要	总账科目	明细科目	借方金额										√	贷方金额										√	
			千	百	十	万	千	百	十	元	角	分		千	百	十	万	千	百	十	元	角	分		附
																									件
																									张
	合　计																								

会计主管　　　　　记账　　　　　复核　　　　　出纳　　　　　制单

- -

记 账 凭 证

年　月　日　　　　　　　　　　　　　字第　号

摘　要	总账科目	明细科目	借方金额										√	贷方金额										√	
			千	百	十	万	千	百	十	元	角	分		千	百	十	万	千	百	十	元	角	分		附
																									件
																									张
	合　计																								

会计主管　　　　　记账　　　　　复核　　　　　出纳　　　　　制单

记 账 凭 证

年　月　日　　　　　　　　　　　字第　号

摘　要	总账科目	明细科目	借 方 金 额										√	贷 方 金 额										√	
			千	百	十	万	千	百	十	元	角	分		千	百	十	万	千	百	十	元	角	分		附
																									件
																									张
	合　计																								

会计主管　　　　　记账　　　　　复核　　　　　出纳　　　　　制单

记 账 凭 证

年　月　日　　　　　　　　　　　字第　号

摘　要	总账科目	明细科目	借 方 金 额										√	贷 方 金 额										√	
			千	百	十	万	千	百	十	元	角	分		千	百	十	万	千	百	十	元	角	分		附
																									件
																									张
	合　计																								

会计主管　　　　　记账　　　　　复核　　　　　出纳　　　　　制单

记 账 凭 证

年　月　日　　　　　　　　　　　字第　号

摘　要	总账科目	明细科目	借 方 金 额										√	贷 方 金 额										√	
			千	百	十	万	千	百	十	元	角	分		千	百	十	万	千	百	十	元	角	分		附
																									件
																									张
	合　计																								

会计主管　　　　　记账　　　　　复核　　　　　出纳　　　　　制单

记 账 凭 证

年　月　日　　　　　　　　　　　　　　字第　号

摘　要	总账科目	明细科目	借 方 金 额										√	贷 方 金 额										√	
			千	百	十	万	千	百	十	元	角	分		千	百	十	万	千	百	十	元	角	分		附件
																									张
	合　计																								

会计主管　　　　　记账　　　　　复核　　　　　出纳　　　　　制单

....

记 账 凭 证

年　月　日　　　　　　　　　　　　　　字第　号

摘　要	总账科目	明细科目	借 方 金 额										√	贷 方 金 额										√	
			千	百	十	万	千	百	十	元	角	分		千	百	十	万	千	百	十	元	角	分		附件
																									张
	合　计																								

会计主管　　　　　记账　　　　　复核　　　　　出纳　　　　　制单

....

记 账 凭 证

年　月　日　　　　　　　　　　　　　　字第　号

摘　要	总账科目	明细科目	借 方 金 额										√	贷 方 金 额										√	
			千	百	十	万	千	百	十	元	角	分		千	百	十	万	千	百	十	元	角	分		附件
																									张
	合　计																								

会计主管　　　　　记账　　　　　复核　　　　　出纳　　　　　制单

记 账 凭 证

年　月　日　　　　　　　　　　　　　字第　号

摘　要	总账科目	明细科目	借 方 金 额									√	贷 方 金 额									√	
			千	百	十	万	千	百	十	元	角	分	千	百	十	万	千	百	十	元	角	分	
																							附件
																							张
	合　计																						

会计主管　　　　　记账　　　　　复核　　　　　出纳　　　　　制单

....

记 账 凭 证

年　月　日　　　　　　　　　　　　　字第　号

摘　要	总账科目	明细科目	借 方 金 额									√	贷 方 金 额									√	
			千	百	十	万	千	百	十	元	角	分	千	百	十	万	千	百	十	元	角	分	
																							附件
																							张
	合　计																						

会计主管　　　　　记账　　　　　复核　　　　　出纳　　　　　制单

....

记 账 凭 证

年　月　日　　　　　　　　　　　　　字第　号

摘　要	总账科目	明细科目	借 方 金 额									√	贷 方 金 额									√	
			千	百	十	万	千	百	十	元	角	分	千	百	十	万	千	百	十	元	角	分	
																							附件
																							张
	合　计																						

会计主管　　　　　记账　　　　　复核　　　　　出纳　　　　　制单

记 账 凭 证

年　月　日　　　　　　　　　　字第　号

摘　要	总账科目	明细科目	借方金额										√	贷方金额										√	
			千	百	十	万	千	百	十	元	角	分		千	百	十	万	千	百	十	元	角	分		附
																									件
																									张
合　计																									

会计主管　　　　　　记账　　　　　　复核　　　　　　出纳　　　　　　制单

··

记 账 凭 证

年　月　日　　　　　　　　　　字第　号

摘　要	总账科目	明细科目	借方金额										√	贷方金额										√	
			千	百	十	万	千	百	十	元	角	分		千	百	十	万	千	百	十	元	角	分		附
																									件
																									张
合　计																									

会计主管　　　　　　记账　　　　　　复核　　　　　　出纳　　　　　　制单

··

记 账 凭 证

年　月　日　　　　　　　　　　字第　号

摘　要	总账科目	明细科目	借方金额										√	贷方金额										√	
			千	百	十	万	千	百	十	元	角	分		千	百	十	万	千	百	十	元	角	分		附
																									件
																									张
合　计																									

会计主管　　　　　　记账　　　　　　复核　　　　　　出纳　　　　　　制单

记 账 凭 证

年　月　日 　　　　　　　　　　　　　　　字第　号

摘　要	总账科目	明细科目	借 方 金 额										√	贷 方 金 额										√	
			千	百	十	万	千	百	十	元	角	分		千	百	十	万	千	百	十	元	角	分		附件
																									张
	合　计																								

会计主管　　　　　　记账　　　　　　复核　　　　　　出纳　　　　　　制单

....

记 账 凭 证

年　月　日 　　　　　　　　　　　　　　　字第　号

摘　要	总账科目	明细科目	借 方 金 额										√	贷 方 金 额										√	
			千	百	十	万	千	百	十	元	角	分		千	百	十	万	千	百	十	元	角	分		附件
																									张
	合　计																								

会计主管　　　　　　记账　　　　　　复核　　　　　　出纳　　　　　　制单

....

记 账 凭 证

年　月　日 　　　　　　　　　　　　　　　字第　号

摘　要	总账科目	明细科目	借 方 金 额										√	贷 方 金 额										√	
			千	百	十	万	千	百	十	元	角	分		千	百	十	万	千	百	十	元	角	分		附件
																									张
	合　计																								

会计主管　　　　　　记账　　　　　　复核　　　　　　出纳　　　　　　制单

记 账 凭 证

年　月　日　　　　　　　　　　　　　　　　　　　字第　号

摘　要	总账科目	明细科目	借 方 金 额										√	贷 方 金 额										√	
			千	百	十	万	千	百	十	元	角	分		千	百	十	万	千	百	十	元	角	分		附
																									件
																									张
	合　计																								

会计主管　　　　　记账　　　　　复核　　　　　出纳　　　　　制单

记 账 凭 证

年　月　日　　　　　　　　　　　　　　　　　　　字第　号

摘　要	总账科目	明细科目	借 方 金 额										√	贷 方 金 额										√	
			千	百	十	万	千	百	十	元	角	分		千	百	十	万	千	百	十	元	角	分		附
																									件
																									张
	合　计																								

会计主管　　　　　记账　　　　　复核　　　　　出纳　　　　　制单

记 账 凭 证

年　月　日　　　　　　　　　　　　　　　　　　　字第　号

摘　要	总账科目	明细科目	借 方 金 额										√	贷 方 金 额										√	
			千	百	十	万	千	百	十	元	角	分		千	百	十	万	千	百	十	元	角	分		附
																									件
																									张
	合　计																								

会计主管　　　　　记账　　　　　复核　　　　　出纳　　　　　制单

记 账 凭 证

年　月　日　　　　　　　　　　　　　　字第　号

摘　要	总账科目	明细科目	借方金额										√	贷方金额										√	
			千	百	十	万	千	百	十	元	角	分		千	百	十	万	千	百	十	元	角	分		附件
																									张
合　计																									

会计主管　　　　记账　　　　复核　　　　出纳　　　　制单

记 账 凭 证

年　月　日　　　　　　　　　　　　　　字第　号

摘　要	总账科目	明细科目	借方金额										√	贷方金额										√	
			千	百	十	万	千	百	十	元	角	分		千	百	十	万	千	百	十	元	角	分		附件
																									张
合　计																									

会计主管　　　　记账　　　　复核　　　　出纳　　　　制单

记 账 凭 证

年　月　日　　　　　　　　　　　　　　字第　号

摘　要	总账科目	明细科目	借方金额										√	贷方金额										√	
			千	百	十	万	千	百	十	元	角	分		千	百	十	万	千	百	十	元	角	分		附件
																									张
合　计																									

会计主管　　　　记账　　　　复核　　　　出纳　　　　制单

记 账 凭 证

年　月　日　　　　　　　　　　　　　　　字第　号

摘　要	总账科目	明细科目	借方金额										√	贷方金额										√	
			千	百	十	万	千	百	十	元	角	分		千	百	十	万	千	百	十	元	角	分		附
																									件
																									张
合　计																									

会计主管　　　　　记账　　　　　复核　　　　　出纳　　　　　制单

记 账 凭 证

年　月　日　　　　　　　　　　　　　　　字第　号

摘　要	总账科目	明细科目	借方金额										√	贷方金额										√	
			千	百	十	万	千	百	十	元	角	分		千	百	十	万	千	百	十	元	角	分		附
																									件
																									张
合　计																									

会计主管　　　　　记账　　　　　复核　　　　　出纳　　　　　制单

记 账 凭 证

年　月　日　　　　　　　　　　　　　　　字第　号

摘　要	总账科目	明细科目	借方金额										√	贷方金额										√	
			千	百	十	万	千	百	十	元	角	分		千	百	十	万	千	百	十	元	角	分		附
																									件
																									张
合　计																									

会计主管　　　　　记账　　　　　复核　　　　　出纳　　　　　制单

记 账 凭 证

年　月　日　　　　　　　　　　　　字第　号

摘　　要	总账科目	明细科目	借 方 金 额										√	贷 方 金 额										√	
			千	百	十	万	千	百	十	元	角	分		千	百	十	万	千	百	十	元	角	分		附
																									件
																									张
	合　　计																								

会计主管　　　　　记账　　　　　复核　　　　　出纳　　　　　制单

- -

记 账 凭 证

年　月　日　　　　　　　　　　　　字第　号

摘　　要	总账科目	明细科目	借 方 金 额										√	贷 方 金 额										√	
			千	百	十	万	千	百	十	元	角	分		千	百	十	万	千	百	十	元	角	分		附
																									件
																									张
	合　　计																								

会计主管　　　　　记账　　　　　复核　　　　　出纳　　　　　制单

- -

记 账 凭 证

年　月　日　　　　　　　　　　　　字第　号

摘　　要	总账科目	明细科目	借 方 金 额										√	贷 方 金 额										√	
			千	百	十	万	千	百	十	元	角	分		千	百	十	万	千	百	十	元	角	分		附
																									件
																									张
	合　　计																								

会计主管　　　　　记账　　　　　复核　　　　　出纳　　　　　制单

记 账 凭 证

年　月　日　　　　　　　　　　　　　　　字第　号

摘　要	总账科目	明细科目	借 方 金 额										√	贷 方 金 额										√	
			千	百	十	万	千	百	十	元	角	分		千	百	十	万	千	百	十	元	角	分		附件
																									件
																									张
合　计																									

会计主管　　　　记账　　　　复核　　　　出纳　　　　制单

- -

记 账 凭 证

年　月　日　　　　　　　　　　　　　　　字第　号

摘　要	总账科目	明细科目	借 方 金 额										√	贷 方 金 额										√	
			千	百	十	万	千	百	十	元	角	分		千	百	十	万	千	百	十	元	角	分		附件
																									件
																									张
合　计																									

会计主管　　　　记账　　　　复核　　　　出纳　　　　制单

- -

记 账 凭 证

年　月　日　　　　　　　　　　　　　　　字第　号

摘　要	总账科目	明细科目	借 方 金 额										√	贷 方 金 额										√	
			千	百	十	万	千	百	十	元	角	分		千	百	十	万	千	百	十	元	角	分		附件
																									件
																									张
合　计																									

会计主管　　　　记账　　　　复核　　　　出纳　　　　制单

记 账 凭 证

年　月　日　　　　　　　　　　　　　　　字第　号

摘　　要	总账科目	明细科目	借方金额										√	贷方金额										√	
			千	百	十	万	千	百	十	元	角	分		千	百	十	万	千	百	十	元	角	分		附件
																									张
	合　　计																								

会计主管　　　　　　记账　　　　　　复核　　　　　　出纳　　　　　　制单

....

记 账 凭 证

年　月　日　　　　　　　　　　　　　　　字第　号

摘　　要	总账科目	明细科目	借方金额										√	贷方金额										√	
			千	百	十	万	千	百	十	元	角	分		千	百	十	万	千	百	十	元	角	分		附件
																									张
	合　　计																								

会计主管　　　　　　记账　　　　　　复核　　　　　　出纳　　　　　　制单

....

记 账 凭 证

年　月　日　　　　　　　　　　　　　　　字第　号

摘　　要	总账科目	明细科目	借方金额										√	贷方金额										√	
			千	百	十	万	千	百	十	元	角	分		千	百	十	万	千	百	十	元	角	分		附件
																									张
	合　　计																								

会计主管　　　　　　记账　　　　　　复核　　　　　　出纳　　　　　　制单

记 账 凭 证

年　月　日　　　　　　　　　　　　字第　号

摘　要	总账科目	明细科目	借 方 金 额										√	贷 方 金 额										√	
			千	百	十	万	千	百	十	元	角	分		千	百	十	万	千	百	十	元	角	分		附
																									件
																									张
	合　计																								

会计主管　　　　记账　　　　　复核　　　　　出纳　　　　　制单

记 账 凭 证

年　月　日　　　　　　　　　　　　字第　号

摘　　要	总账科目	明细科目	借 方 金 额										√	贷 方 金 额										√	
			千	百	十	万	千	百	十	元	角	分		千	百	十	万	千	百	十	元	角	分		附
																									件
																									张
	合　计																								

会计主管　　　　记账　　　　　复核　　　　　出纳　　　　　制单

记 账 凭 证

年　月　日　　　　　　　　　　　　字第　号

摘　　要	总账科目	明细科目	借 方 金 额										√	贷 方 金 额										√	
			千	百	十	万	千	百	十	元	角	分		千	百	十	万	千	百	十	元	角	分		附
																									件
																									张
	合　计																								

会计主管　　　　记账　　　　　复核　　　　　出纳　　　　　制单

记 账 凭 证

年　月　日　　　　　　　　　　　　字第　号

摘　要	总账科目	明细科目	借 方 金 额										√	贷 方 金 额										√	
			千	百	十	万	千	百	十	元	角	分		千	百	十	万	千	百	十	元	角	分		附
																									件
																									张
合　计																									

会计主管　　　　　记账　　　　　复核　　　　　出纳　　　　　制单

记 账 凭 证

年　月　日　　　　　　　　　　　　字第　号

摘　要	总账科目	明细科目	借 方 金 额										√	贷 方 金 额										√	
			千	百	十	万	千	百	十	元	角	分		千	百	十	万	千	百	十	元	角	分		附
																									件
																									张
合　计																									

会计主管　　　　　记账　　　　　复核　　　　　出纳　　　　　制单

记 账 凭 证

年　月　日　　　　　　　　　　　　字第　号

摘　要	总账科目	明细科目	借 方 金 额										√	贷 方 金 额										√	
			千	百	十	万	千	百	十	元	角	分		千	百	十	万	千	百	十	元	角	分		附
																									件
																									张
合　计																									

会计主管　　　　　记账　　　　　复核　　　　　出纳　　　　　制单

记 账 凭 证

年　月　日　　　　　　　　　　　　　　字第　号

摘　要	总账科目	明细科目	借方金额										√	贷方金额										√	
			千	百	十	万	千	百	十	元	角	分		千	百	十	万	千	百	十	元	角	分		附件
																									张
合　计																									

会计主管　　　　　记账　　　　　　复核　　　　　　出纳　　　　　　制单

记 账 凭 证

年　月　日　　　　　　　　　　　　　　字第　号

摘　要	总账科目	明细科目	借方金额										√	贷方金额										√	
			千	百	十	万	千	百	十	元	角	分		千	百	十	万	千	百	十	元	角	分		附件
																									张
合　计																									

会计主管　　　　　记账　　　　　　复核　　　　　　出纳　　　　　　制单

记 账 凭 证

年　月　日　　　　　　　　　　　　　　字第　号

摘　要	总账科目	明细科目	借方金额										√	贷方金额										√	
			千	百	十	万	千	百	十	元	角	分		千	百	十	万	千	百	十	元	角	分		附件
																									张
合　计																									

会计主管　　　　　记账　　　　　　复核　　　　　　出纳　　　　　　制单

记 账 凭 证

年　月　日 　　　　　　　　　字第　号

摘　要	总账科目	明细科目	借　方　金　额										√	贷　方　金　额										√	
			千	百	十	万	千	百	十	元	角	分		千	百	十	万	千	百	十	元	角	分		
																									附
																									件
																									张
	合　　计																								

会计主管　　　　　记账　　　　　复核　　　　　出纳　　　　　制单

- -

记 账 凭 证

年　月　日 　　　　　　　　　字第　号

摘　要	总账科目	明细科目	借　方　金　额										√	贷　方　金　额										√	
			千	百	十	万	千	百	十	元	角	分		千	百	十	万	千	百	十	元	角	分		
																									附
																									件
																									张
	合　　计																								

会计主管　　　　　记账　　　　　复核　　　　　出纳　　　　　制单

- -

记 账 凭 证

年　月　日 　　　　　　　　　字第　号

摘　要	总账科目	明细科目	借　方　金　额										√	贷　方　金　额										√	
			千	百	十	万	千	百	十	元	角	分		千	百	十	万	千	百	十	元	角	分		
																									附
																									件
																									张
	合　　计																								

会计主管　　　　　记账　　　　　复核　　　　　出纳　　　　　制单

记 账 凭 证

年　月　日　　　　　　　　　　　　　字第　号

摘　要	总账科目	明细科目	借方金额										√	贷方金额										√	
			千	百	十	万	千	百	十	元	角	分		千	百	十	万	千	百	十	元	角	分		附
																									件
																									张
	合　　计																								

会计主管　　　　　记账　　　　　复核　　　　　出纳　　　　　制单

. . . .

记 账 凭 证

年　月　日　　　　　　　　　　　　　字第　号

摘　要	总账科目	明细科目	借方金额										√	贷方金额										√	
			千	百	十	万	千	百	十	元	角	分		千	百	十	万	千	百	十	元	角	分		附
																									件
																									张
	合　　计																								

会计主管　　　　　记账　　　　　复核　　　　　出纳　　　　　制单

. . . .

记 账 凭 证

年　月　日　　　　　　　　　　　　　字第　号

摘　要	总账科目	明细科目	借方金额										√	贷方金额										√	
			千	百	十	万	千	百	十	元	角	分		千	百	十	万	千	百	十	元	角	分		附
																									件
																									张
	合　　计																								

会计主管　　　　　记账　　　　　复核　　　　　出纳　　　　　制单

记 账 凭 证

年 月 日　　　　　　　　　　　　　　　　字第　号

摘　要	总账科目	明细科目	借 方 金 额										√	贷 方 金 额										√	
			千	百	十	万	千	百	十	元	角	分		千	百	十	万	千	百	十	元	角	分		
																									附
																									件
																									张
合　计																									

会计主管　　　　　记账　　　　复核　　　　出纳　　　　制单

. . . .

记 账 凭 证

年 月 日　　　　　　　　　　　　　　　　字第　号

摘　要	总账科目	明细科目	借 方 金 额										√	贷 方 金 额										√	
			千	百	十	万	千	百	十	元	角	分		千	百	十	万	千	百	十	元	角	分		
																									附
																									件
																									张
合　计																									

会计主管　　　　　记账　　　　复核　　　　出纳　　　　制单

. . . .

记 账 凭 证

年 月 日　　　　　　　　　　　　　　　　字第　号

摘　要	总账科目	明细科目	借 方 金 额										√	贷 方 金 额										√	
			千	百	十	万	千	百	十	元	角	分		千	百	十	万	千	百	十	元	角	分		
																									附
																									件
																									张
合　计																									

会计主管　　　　　记账　　　　复核　　　　出纳　　　　制单

记 账 凭 证

年　月　日　　　　　　　　　　　　　　　　字第　号

摘　要	总账科目	明细科目	借 方 金 额										√	贷 方 金 额										√	
			千	百	十	万	千	百	十	元	角	分		千	百	十	万	千	百	十	元	角	分		附件
																									张
合　计																									

会计主管　　　　　记账　　　　　复核　　　　　出纳　　　　　制单

....

记 账 凭 证

年　月　日　　　　　　　　　　　　　　　　字第　号

摘　要	总账科目	明细科目	借 方 金 额										√	贷 方 金 额										√	
			千	百	十	万	千	百	十	元	角	分		千	百	十	万	千	百	十	元	角	分		附件
																									张
合　计																									

会计主管　　　　　记账　　　　　复核　　　　　出纳　　　　　制单

....

记 账 凭 证

年　月　日　　　　　　　　　　　　　　　　字第　号

摘　要	总账科目	明细科目	借 方 金 额										√	贷 方 金 额										√	
			千	百	十	万	千	百	十	元	角	分		千	百	十	万	千	百	十	元	角	分		附件
																									张
合　计																									

会计主管　　　　　记账　　　　　复核　　　　　出纳　　　　　制单

记 账 凭 证

年　月　日　　　　　　　　　　　　　　　字第　号

摘　要	总账科目	明细科目	借 方 金 额										√	贷 方 金 额										√	
			千	百	十	万	千	百	十	元	角	分		千	百	十	万	千	百	十	元	角	分		附
																									件
																									张
	合　计																								

会计主管　　　　　　记账　　　　　　复核　　　　　　出纳　　　　　　制单

- -

记 账 凭 证

年　月　日　　　　　　　　　　　　　　　字第　号

摘　要	总账科目	明细科目	借 方 金 额										√	贷 方 金 额										√	
			千	百	十	万	千	百	十	元	角	分		千	百	十	万	千	百	十	元	角	分		附
																									件
																									张
	合　计																								

会计主管　　　　　　记账　　　　　　复核　　　　　　出纳　　　　　　制单

- -

记 账 凭 证

年　月　日　　　　　　　　　　　　　　　字第　号

摘　要	总账科目	明细科目	借 方 金 额										√	贷 方 金 额										√	
			千	百	十	万	千	百	十	元	角	分		千	百	十	万	千	百	十	元	角	分		附
																									件
																									张
	合　计																								

会计主管　　　　　　记账　　　　　　复核　　　　　　出纳　　　　　　制单

记 账 凭 证

年　月　日　　　　　　　　　　　　　　　　　　　字第　号

摘　要	总账科目	明细科目	借方金额										√	贷方金额										√	
			千	百	十	万	千	百	十	元	角	分		千	百	十	万	千	百	十	元	角	分		附件
																									件
																									张
	合　计																								

会计主管　　　　　记账　　　　　复核　　　　　出纳　　　　　制单

- -

记 账 凭 证

年　月　日　　　　　　　　　　　　　　　　　　　字第　号

摘　要	总账科目	明细科目	借方金额										√	贷方金额										√	
			千	百	十	万	千	百	十	元	角	分		千	百	十	万	千	百	十	元	角	分		附件
																									件
																									张
	合　计																								

会计主管　　　　　记账　　　　　复核　　　　　出纳　　　　　制单

- -

记 账 凭 证

年　月　日　　　　　　　　　　　　　　　　　　　字第　号

摘　要	总账科目	明细科目	借方金额										√	贷方金额										√	
			千	百	十	万	千	百	十	元	角	分		千	百	十	万	千	百	十	元	角	分		附件
																									件
																									张
	合　计																								

会计主管　　　　　记账　　　　　复核　　　　　出纳　　　　　制单

记 账 凭 证

年　月　日　　　　　　　　　　　　　字第　号

摘　要	总账科目	明细科目	借方金额										√	贷方金额										√	
			千	百	十	万	千	百	十	元	角	分		千	百	十	万	千	百	十	元	角	分		附件
																									张
合　计																									

会计主管　　　　　　记账　　　　　　复核　　　　　　出纳　　　　　　制单

记 账 凭 证

年　月　日　　　　　　　　　　　　　字第　号

摘　要	总账科目	明细科目	借方金额										√	贷方金额										√	
			千	百	十	万	千	百	十	元	角	分		千	百	十	万	千	百	十	元	角	分		附件
																									张
合　计																									

会计主管　　　　　　记账　　　　　　复核　　　　　　出纳　　　　　　制单

记 账 凭 证

年　月　日　　　　　　　　　　　　　字第　号

摘　要	总账科目	明细科目	借方金额										√	贷方金额										√	
			千	百	十	万	千	百	十	元	角	分		千	百	十	万	千	百	十	元	角	分		附件
																									张
合　计																									

会计主管　　　　　　记账　　　　　　复核　　　　　　出纳　　　　　　制单

记 账 凭 证

年　月　日　　　　　　　　　　　　　　字第　号

摘　　要	总账科目	明细科目	借方金额											√	贷方金额											√	
			千	百	十	万	千	百	十	元	角	分		千	百	十	万	千	百	十	元	角	分		
																									附件
																									张
合　　计																									

会计主管　　　　　　记账　　　　　　复核　　　　　　出纳　　　　　　制单

记 账 凭 证

年　月　日　　　　　　　　　　　　　　字第　号

摘　　要	总账科目	明细科目	借方金额											√	贷方金额											√	
			千	百	十	万	千	百	十	元	角	分		千	百	十	万	千	百	十	元	角	分		
																									附件
																									张
合　　计																									

会计主管　　　　　　记账　　　　　　复核　　　　　　出纳　　　　　　制单

记 账 凭 证

年　月　日　　　　　　　　　　　　　　字第　号

摘　　要	总账科目	明细科目	借方金额											√	贷方金额											√	
			千	百	十	万	千	百	十	元	角	分		千	百	十	万	千	百	十	元	角	分		
																									附件
																									张
合　　计																									

会计主管　　　　　　记账　　　　　　复核　　　　　　出纳　　　　　　制单

记 账 凭 证

<table>
<tr><td colspan="3"></td><td>年　月　日</td><td colspan="2" style="text-align:right">字第　号</td></tr>
</table>

摘　要	总账科目	明细科目	借 方 金 额										√	贷 方 金 额										√	
			千	百	十	万	千	百	十	元	角	分		千	百	十	万	千	百	十	元	角	分	
																								附件
																								张
	合　计																							

会计主管　　　　　记账　　　　　复核　　　　　出纳　　　　　制单

··

记 账 凭 证

<table>
<tr><td colspan="3"></td><td>年　月　日</td><td colspan="2" style="text-align:right">字第　号</td></tr>
</table>

摘　要	总账科目	明细科目	借 方 金 额										√	贷 方 金 额										√	
			千	百	十	万	千	百	十	元	角	分		千	百	十	万	千	百	十	元	角	分	
																								附件
																								张
	合　计																							

会计主管　　　　　记账　　　　　复核　　　　　出纳　　　　　制单

··

记 账 凭 证

<table>
<tr><td colspan="3"></td><td>年　月　日</td><td colspan="2" style="text-align:right">字第　号</td></tr>
</table>

摘　要	总账科目	明细科目	借 方 金 额										√	贷 方 金 额										√	
			千	百	十	万	千	百	十	元	角	分		千	百	十	万	千	百	十	元	角	分	
																								附件
																								张
	合　计																							

会计主管　　　　　记账　　　　　复核　　　　　出纳　　　　　制单

记 账 凭 证

年　月　日　　　　　　　　　　　字第　号

摘　要	总账科目	明细科目	借方金额										√	贷方金额										√	
			千	百	十	万	千	百	十	元	角	分		千	百	十	万	千	百	十	元	角	分		附件
																									张
	合　计																								

会计主管　　　　　记账　　　　　复核　　　　　出纳　　　　　制单

记 账 凭 证

年　月　日　　　　　　　　　　　字第　号

摘　要	总账科目	明细科目	借方金额										√	贷方金额										√	
			千	百	十	万	千	百	十	元	角	分		千	百	十	万	千	百	十	元	角	分		附件
																									张
	合　计																								

会计主管　　　　　记账　　　　　复核　　　　　出纳　　　　　制单

记 账 凭 证

年　月　日　　　　　　　　　　　字第　号

摘　要	总账科目	明细科目	借方金额										√	贷方金额										√	
			千	百	十	万	千	百	十	元	角	分		千	百	十	万	千	百	十	元	角	分		附件
																									张
	合　计																								

会计主管　　　　　记账　　　　　复核　　　　　出纳　　　　　制单

记 账 凭 证

年　月　日　　　　　　　　　　　字第　号

摘　要	总账科目	明细科目	借方金额										√	贷方金额										√
			千	百	十	万	千	百	十	元	角	分		千	百	十	万	千	百	十	元	角	分	
	合　计																							

会计主管　　　　　　记账　　　　　　复核　　　　　　出纳　　　　　　制单

附件　　张

记 账 凭 证

年　月　日　　　　　　　　　　　字第　号

摘　要	总账科目	明细科目	借方金额										√	贷方金额										√
			千	百	十	万	千	百	十	元	角	分		千	百	十	万	千	百	十	元	角	分	
	合　计																							

会计主管　　　　　　记账　　　　　　复核　　　　　　出纳　　　　　　制单

附件　　张

记 账 凭 证

年　月　日　　　　　　　　　　　字第　号

摘　要	总账科目	明细科目	借方金额										√	贷方金额										√
			千	百	十	万	千	百	十	元	角	分		千	百	十	万	千	百	十	元	角	分	
	合　计																							

会计主管　　　　　　记账　　　　　　复核　　　　　　出纳　　　　　　制单

附件　　张

记 账 凭 证

年　月　日　　　　　　　　　　字第　号

摘　要	总账科目	明细科目	借 方 金 额										√	贷 方 金 额										√	
			千	百	十	万	千	百	十	元	角	分		千	百	十	万	千	百	十	元	角	分		附
																									件
																									张
合　计																									

会计主管　　　　　记账　　　　　复核　　　　　出纳　　　　　制单

- -

记 账 凭 证

年　月　日　　　　　　　　　　字第　号

摘　要	总账科目	明细科目	借 方 金 额										√	贷 方 金 额										√	
			千	百	十	万	千	百	十	元	角	分		千	百	十	万	千	百	十	元	角	分		附
																									件
																									张
合　计																									

会计主管　　　　　记账　　　　　复核　　　　　出纳　　　　　制单

- -

记 账 凭 证

年　月　日　　　　　　　　　　字第　号

摘　要	总账科目	明细科目	借 方 金 额										√	贷 方 金 额										√	
			千	百	十	万	千	百	十	元	角	分		千	百	十	万	千	百	十	元	角	分		附
																									件
																									张
合　计																									

会计主管　　　　　记账　　　　　复核　　　　　出纳　　　　　制单

记 账 凭 证

年　月　日　　　　　　　　　　　　字第　号

摘　要	总账科目	明细科目	借方金额										√	贷方金额										√	
			千	百	十	万	千	百	十	元	角	分		千	百	十	万	千	百	十	元	角	分		附件
																									张
合　计																									

会计主管　　　　　记账　　　　　复核　　　　　出纳　　　　　制单

记 账 凭 证

年　月　日　　　　　　　　　　　　字第　号

摘　要	总账科目	明细科目	借方金额										√	贷方金额										√	
			千	百	十	万	千	百	十	元	角	分		千	百	十	万	千	百	十	元	角	分		附件
																									张
合　计																									

会计主管　　　　　记账　　　　　复核　　　　　出纳　　　　　制单

记 账 凭 证

年　月　日　　　　　　　　　　　　字第　号

摘　要	总账科目	明细科目	借方金额										√	贷方金额										√	
			千	百	十	万	千	百	十	元	角	分		千	百	十	万	千	百	十	元	角	分		附件
																									张
合　计																									

会计主管　　　　　记账　　　　　复核　　　　　出纳　　　　　制单

记 账 凭 证

年　月　日　　　　　　　　　　　　　　　字第　号

摘　要	总账科目	明细科目	借　方　金　额										√	贷　方　金　额										√	
			千	百	十	万	千	百	十	元	角	分		千	百	十	万	千	百	十	元	角	分		附件
																									张
	合　计																								

会计主管　　　　　记账　　　　　　复核　　　　　　出纳　　　　　　制单

记 账 凭 证

年　月　日　　　　　　　　　　　　　　　字第　号

摘　要	总账科目	明细科目	借　方　金　额										√	贷　方　金　额										√	
			千	百	十	万	千	百	十	元	角	分		千	百	十	万	千	百	十	元	角	分		附件
																									张
	合　计																								

会计主管　　　　　记账　　　　　　复核　　　　　　出纳　　　　　　制单

记 账 凭 证

年　月　日　　　　　　　　　　　　　　　字第　号

摘　要	总账科目	明细科目	借　方　金　额										√	贷　方　金　额										√	
			千	百	十	万	千	百	十	元	角	分		千	百	十	万	千	百	十	元	角	分		附件
																									张
	合　计																								

会计主管　　　　　记账　　　　　　复核　　　　　　出纳　　　　　　制单

记 账 凭 证

年　月　日　　　　　　　　　　　　　　字第　号

摘　要	总账科目	明细科目	借方金额										√	贷方金额										√	
			千	百	十	万	千	百	十	元	角	分		千	百	十	万	千	百	十	元	角	分		
																									附件
																									张
	合　计																								

会计主管　　　　　记账　　　　　复核　　　　　出纳　　　　　制单

⋯⋯⋯⋯⋯⋯⋯⋯⋯⋯⋯⋯⋯⋯⋯⋯⋯⋯⋯⋯⋯⋯⋯⋯⋯⋯⋯⋯⋯⋯⋯⋯

记 账 凭 证

年　月　日　　　　　　　　　　　　　　字第　号

摘　要	总账科目	明细科目	借方金额										√	贷方金额										√	
			千	百	十	万	千	百	十	元	角	分		千	百	十	万	千	百	十	元	角	分		
																									附件
																									张
	合　计																								

会计主管　　　　　记账　　　　　复核　　　　　出纳　　　　　制单

⋯⋯⋯⋯⋯⋯⋯⋯⋯⋯⋯⋯⋯⋯⋯⋯⋯⋯⋯⋯⋯⋯⋯⋯⋯⋯⋯⋯⋯⋯⋯⋯

记 账 凭 证

年　月　日　　　　　　　　　　　　　　字第　号

摘　要	总账科目	明细科目	借方金额										√	贷方金额										√	
			千	百	十	万	千	百	十	元	角	分		千	百	十	万	千	百	十	元	角	分		
																									附件
																									张
	合　计																								

会计主管　　　　　记账　　　　　复核　　　　　出纳　　　　　制单

记 账 凭 证

年　月　日　　　　　　　　　　　　　　字第　号

摘　要	总账科目	明细科目	借方金额										√	贷方金额										√	
			千	百	十	万	千	百	十	元	角	分		千	百	十	万	千	百	十	元	角	分		附
																									件
																									张
合　计																									

会计主管　　　　　记账　　　　　复核　　　　　出纳　　　　　制单

记 账 凭 证

年　月　日　　　　　　　　　　　　　　字第　号

摘　要	总账科目	明细科目	借方金额										√	贷方金额										√	
			千	百	十	万	千	百	十	元	角	分		千	百	十	万	千	百	十	元	角	分		附
																									件
																									张
合　计																									

会计主管　　　　　记账　　　　　复核　　　　　出纳　　　　　制单

记 账 凭 证

年　月　日　　　　　　　　　　　　　　字第　号

摘　要	总账科目	明细科目	借方金额										√	贷方金额										√	
			千	百	十	万	千	百	十	元	角	分		千	百	十	万	千	百	十	元	角	分		附
																									件
																									张
合　计																									

会计主管　　　　　记账　　　　　复核　　　　　出纳　　　　　制单

记 账 凭 证

年　　月　　日　　　　　　　　　　　　　　　　字第　　号

摘　　要	总账科目	明细科目	借 方 金 额										√	贷 方 金 额										√
			千	百	十	万	千	百	十	元	角	分		千	百	十	万	千	百	十	元	角	分	
合　　计																								

会计主管　　　　　记账　　　　　复核　　　　　出纳　　　　　制单

附件　　　张

记 账 凭 证

年　　月　　日　　　　　　　　　　　　　　　　字第　　号

摘　　要	总账科目	明细科目	借 方 金 额										√	贷 方 金 额										√
			千	百	十	万	千	百	十	元	角	分		千	百	十	万	千	百	十	元	角	分	
合　　计																								

会计主管　　　　　记账　　　　　复核　　　　　出纳　　　　　制单

附件　　　张

记 账 凭 证

年　　月　　日　　　　　　　　　　　　　　　　字第　　号

摘　　要	总账科目	明细科目	借 方 金 额										√	贷 方 金 额										√
			千	百	十	万	千	百	十	元	角	分		千	百	十	万	千	百	十	元	角	分	
合　　计																								

会计主管　　　　　记账　　　　　复核　　　　　出纳　　　　　制单

附件　　　张

记 账 凭 证

年　月　日　　　　　　　　　　　　　　　　字第　号

摘　要	总账科目	明细科目	借方金额										√	贷方金额										√	
			千	百	十	万	千	百	十	元	角	分		千	百	十	万	千	百	十	元	角	分		附件
																									张
	合　计																								

会计主管　　　　　　记账　　　　　　复核　　　　　　出纳　　　　　　制单

记 账 凭 证

年　月　日　　　　　　　　　　　　　　　　字第　号

摘　　要	总账科目	明细科目	借方金额										√	贷方金额										√	
			千	百	十	万	千	百	十	元	角	分		千	百	十	万	千	百	十	元	角	分		附件
																									张
	合　计																								

会计主管　　　　　　记账　　　　　　复核　　　　　　出纳　　　　　　制单

记 账 凭 证

年　月　日　　　　　　　　　　　　　　　　字第　号

摘　　要	总账科目	明细科目	借方金额										√	贷方金额										√	
			千	百	十	万	千	百	十	元	角	分		千	百	十	万	千	百	十	元	角	分		附件
																									张
	合　计																								

会计主管　　　　　　记账　　　　　　复核　　　　　　出纳　　　　　　制单

记 账 凭 证

年　月　日　　　　　　　　　　　　　字第　号

摘　　要	总账科目	明细科目	借方金额										√	贷方金额										√	
			千	百	十	万	千	百	十	元	角	分		千	百	十	万	千	百	十	元	角	分		
																									附
																									件
																									张
合　　计																									

会计主管　　　　　记账　　　　　复核　　　　　出纳　　　　　制单

记 账 凭 证

年　月　日　　　　　　　　　　　　　字第　号

摘　　要	总账科目	明细科目	借方金额										√	贷方金额										√	
			千	百	十	万	千	百	十	元	角	分		千	百	十	万	千	百	十	元	角	分		
																									附
																									件
																									张
合　　计																									

会计主管　　　　　记账　　　　　复核　　　　　出纳　　　　　制单

记 账 凭 证

年　月　日　　　　　　　　　　　　　字第　号

摘　　要	总账科目	明细科目	借方金额										√	贷方金额										√	
			千	百	十	万	千	百	十	元	角	分		千	百	十	万	千	百	十	元	角	分		
																									附
																									件
																									张
合　　计																									

会计主管　　　　　记账　　　　　复核　　　　　出纳　　　　　制单

记 账 凭 证

年　月　日　　　　　　　　　　　　　　　　字第　号

摘　要	总账科目	明细科目	借方金额										√	贷方金额										√
			千	百	十	万	千	百	十	元	角	分		千	百	十	万	千	百	十	元	角	分	
合　计																								

附件　张

会计主管　　　　　　记账　　　　　　复核　　　　　　出纳　　　　　　制单

记 账 凭 证

年　月　日　　　　　　　　　　　　　　　　字第　号

摘　要	总账科目	明细科目	借方金额										√	贷方金额										√
			千	百	十	万	千	百	十	元	角	分		千	百	十	万	千	百	十	元	角	分	
合　计																								

附件　张

会计主管　　　　　　记账　　　　　　复核　　　　　　出纳　　　　　　制单

记 账 凭 证

年　月　日　　　　　　　　　　　　　　　　字第　号

摘　要	总账科目	明细科目	借方金额										√	贷方金额										√
			千	百	十	万	千	百	十	元	角	分		千	百	十	万	千	百	十	元	角	分	
合　计																								

附件　张

会计主管　　　　　　记账　　　　　　复核　　　　　　出纳　　　　　　制单

记 账 凭 证

年　月　日　　　　　　　　　　　　　　字第　号

摘　要	总账科目	明细科目	借 方 金 额										√	贷 方 金 额										√	
			千	百	十	万	千	百	十	元	角	分		千	百	十	万	千	百	十	元	角	分		
																									附
																									件
																									张
合　计																									

会计主管　　　　　记账　　　　　复核　　　　　出纳　　　　　制单

记 账 凭 证

年　月　日　　　　　　　　　　　　　　字第　号

摘　要	总账科目	明细科目	借 方 金 额										√	贷 方 金 额										√	
			千	百	十	万	千	百	十	元	角	分		千	百	十	万	千	百	十	元	角	分		
																									附
																									件
																									张
合　计																									

会计主管　　　　　记账　　　　　复核　　　　　出纳　　　　　制单

记 账 凭 证

年　月　日　　　　　　　　　　　　　　字第　号

摘　要	总账科目	明细科目	借 方 金 额										√	贷 方 金 额										√	
			千	百	十	万	千	百	十	元	角	分		千	百	十	万	千	百	十	元	角	分		
																									附
																									件
																									张
合　计																									

会计主管　　　　　记账　　　　　复核　　　　　出纳　　　　　制单

记 账 凭 证

年　月　日　　　　　　　　　　　　　　　　　字第　号

摘　要	总账科目	明细科目	借 方 金 额										√	贷 方 金 额										√	
			千	百	十	万	千	百	十	元	角	分		千	百	十	万	千	百	十	元	角	分		
																									附件
																									张
合　计																									

会计主管　　　　　记账　　　　　复核　　　　　出纳　　　　　制单

···

记 账 凭 证

年　月　日　　　　　　　　　　　　　　　　　字第　号

摘　要	总账科目	明细科目	借 方 金 额										√	贷 方 金 额										√	
			千	百	十	万	千	百	十	元	角	分		千	百	十	万	千	百	十	元	角	分		
																									附件
																									张
合　计																									

会计主管　　　　　记账　　　　　复核　　　　　出纳　　　　　制单

···

记 账 凭 证

年　月　日　　　　　　　　　　　　　　　　　字第　号

摘　要	总账科目	明细科目	借 方 金 额										√	贷 方 金 额										√	
			千	百	十	万	千	百	十	元	角	分		千	百	十	万	千	百	十	元	角	分		
																									附件
																									张
合　计																									

会计主管　　　　　记账　　　　　复核　　　　　出纳　　　　　制单

记 账 凭 证

年 月 日　　　　　　　　字第 号

摘　要	总账科目	明细科目	借 方 金 额										√	贷 方 金 额										√	
			千	百	十	万	千	百	十	元	角	分		千	百	十	万	千	百	十	元	角	分		附
																									件
																									张
	合　计																								

会计主管　　　　　　记账　　　　　　复核　　　　　　出纳　　　　　　制单

....

记 账 凭 证

年 月 日　　　　　　　　字第 号

摘　要	总账科目	明细科目	借 方 金 额										√	贷 方 金 额										√	
			千	百	十	万	千	百	十	元	角	分		千	百	十	万	千	百	十	元	角	分		附
																									件
																									张
	合　计																								

会计主管　　　　　　记账　　　　　　复核　　　　　　出纳　　　　　　制单

....

记 账 凭 证

年 月 日　　　　　　　　字第 号

摘　要	总账科目	明细科目	借 方 金 额										√	贷 方 金 额										√	
			千	百	十	万	千	百	十	元	角	分		千	百	十	万	千	百	十	元	角	分		附
																									件
																									张
	合　计																								

会计主管　　　　　　记账　　　　　　复核　　　　　　出纳　　　　　　制单

记 账 凭 证

年　月　日　　　　　　　　　　　　　　　　　　　字第　号

摘　　要	总账科目	明细科目	借方金额										√	贷方金额										√	
			千	百	十	万	千	百	十	元	角	分		千	百	十	万	千	百	十	元	角	分		附
																									件
																									张
合　计																									

会计主管　　　　　记账　　　　　　复核　　　　　出纳　　　　　制单

记 账 凭 证

年　月　日　　　　　　　　　　　　　　　　　　　字第　号

摘　　要	总账科目	明细科目	借方金额										√	贷方金额										√	
			千	百	十	万	千	百	十	元	角	分		千	百	十	万	千	百	十	元	角	分		附
																									件
																									张
合　计																									

会计主管　　　　　记账　　　　　　复核　　　　　出纳　　　　　制单

记 账 凭 证

年　月　日　　　　　　　　　　　　　　　　　　　字第　号

摘　　要	总账科目	明细科目	借方金额										√	贷方金额										√	
			千	百	十	万	千	百	十	元	角	分		千	百	十	万	千	百	十	元	角	分		附
																									件
																									张
合　计																									

会计主管　　　　　记账　　　　　　复核　　　　　出纳　　　　　制单

记 账 凭 证

年　月　日　　　　　　　　　　　　字第　号

摘　要	总账科目	明细科目	借方金额										√	贷方金额										√	
			千	百	十	万	千	百	十	元	角	分		千	百	十	万	千	百	十	元	角	分		附件
																									张
合　计																									

会计主管　　　　　记账　　　　　复核　　　　　出纳　　　　　制单

记 账 凭 证

年　月　日　　　　　　　　　　　　字第　号

摘　要	总账科目	明细科目	借方金额										√	贷方金额										√	
			千	百	十	万	千	百	十	元	角	分		千	百	十	万	千	百	十	元	角	分		附件
																									张
合　计																									

会计主管　　　　　记账　　　　　复核　　　　　出纳　　　　　制单

记 账 凭 证

年　月　日　　　　　　　　　　　　字第　号

摘　要	总账科目	明细科目	借方金额										√	贷方金额										√	
			千	百	十	万	千	百	十	元	角	分		千	百	十	万	千	百	十	元	角	分		附件
																									张
合　计																									

会计主管　　　　　记账　　　　　复核　　　　　出纳　　　　　制单

记 账 凭 证

年　月　日　　　　　　　　　　　　　　　　　字第　号

摘　要	总账科目	明细科目	借方金额										√	贷方金额										√	
			千	百	十	万	千	百	十	元	角	分		千	百	十	万	千	百	十	元	角	分		
																									附件
																									张
	合　计																								

会计主管　　　　　记账　　　　　复核　　　　　出纳　　　　　制单

- -

记 账 凭 证

年　月　日　　　　　　　　　　　　　　　　　字第　号

摘　要	总账科目	明细科目	借方金额										√	贷方金额										√	
			千	百	十	万	千	百	十	元	角	分		千	百	十	万	千	百	十	元	角	分		
																									附件
																									张
	合　计																								

会计主管　　　　　记账　　　　　复核　　　　　出纳　　　　　制单

- -

记 账 凭 证

年　月　日　　　　　　　　　　　　　　　　　字第　号

摘　要	总账科目	明细科目	借方金额										√	贷方金额										√	
			千	百	十	万	千	百	十	元	角	分		千	百	十	万	千	百	十	元	角	分		
																									附件
																									张
	合　计																								

会计主管　　　　　记账　　　　　复核　　　　　出纳　　　　　制单

二、日记账、总分类账、明细分类账

总分类账

第___页

会计科目及编号：

年		记账凭证		摘要	借方											√	借或贷	贷方											√	余额											√
月	日	字	号		十	亿	千	百	十	万	千	百	十	元	角	分			十	亿	千	百	十	万	千	百	十	元	角	分		十	亿	千	百	十	万	千	百	十	元	角	分	

总分类账

会计科目及编号：

第　页

年		记账凭证		摘要	借方											贷方											借或贷	余额											√
月	日	字	号		十	亿	千	百	十	万	千	百	十	元	角	分	十	亿	千	百	十	万	千	百	十	元	角	分		十	亿	千	百	十	万	千	百	十	元	角	分

总分类账

会计科目及编号：

第　页

年		记账凭证		摘要	借方											√	贷方											√	借或贷	余额											√
月	日	字	号		十	亿	千	百	十	万	千	百	十	元	角	分	十	亿	千	百	十	万	千	百	十	元	角	分		十	亿	千	百	十	万	千	百	十	元	角	分

总分类账

会计科目及编号：　　　　　　　　　　　　　　　　　　　　　　　　　　　　　第　　页

年		记账凭证		摘要	借方											√	贷方											√	借或贷	余额											√
月	日	字	号		十亿	千	百	十	万	千	百	十	元	角	分		十亿	千	百	十	万	千	百	十	元	角	分			十亿	千	百	十	万	千	百	十	元	角	分	

总分类账

会计科目及编号：

第　　页

年		记账凭证		摘要	借方											√	贷方											√	借或贷	余额											√
月	日	字	号		十	亿	千	百	十	万	千	百	十	元	角	分		十	亿	千	百	十	万	千	百	十	元	角	分			十	亿	千	百	十	万	千	百	十	元	角	分	

附录

235

中级财务会计实训教程

总分类账

会计科目及编号：

第　页

年		记账凭证		摘要	√	借方												√	贷方												借或贷	余额												√
月	日	字	号			十	亿	千	百	十	万	千	百	十	元	角	分		十	亿	千	百	十	万	千	百	十	元	角	分		十	亿	千	百	十	万	千	百	十	元	角	分	

总分类账

会计科目及编号：

年		记账凭证	摘要	借方										√	贷方										√	借或贷	余额										√
月	日	字 号		十	亿	千	百	十	万	千	百	十	元	角	分		十	亿	千	百	十	万	千	百	十	元	角	分			十	亿	千	百	十	万	千	百	十	元	角	分	

附录

237

中级财务会计实训教程

总分类账

第　　页

会计科目及编号：

年		记账凭证		摘要	借方											√	贷方											√	借或贷	余额											√
月	日	字	号		十	亿	千	百	十	万	千	百	十	元	角	分		十	亿	千	百	十	万	千	百	十	元	角	分			十	亿	千	百	十	万	千	百	十	元	角	分	

总分类账

会计科目及编号：

第　页

年		记账凭证字号	摘要	借方										√	贷方										√	借或贷	余额										√
月	日			十	亿	千	百	万	千	百	十	元	角	分		十	亿	千	百	万	千	百	十	元	角	分		十	亿	千	百	万	千	百	十	元	角	分	

中级财务会计实训教程

总分类账

会计科目及编号：　　　　　　　　　　　　　　　　　　　　　　　　第　　页

年		记账凭证		摘要	借方											✓	贷方											✓	借或贷	余额											✓
月	日	字	号		十	亿	千	百	十	万	千	百	十	元	角	分		十	亿	千	百	十	万	千	百	十	元	角	分			十	亿	千	百	十	万	千	百	十	元	角	分

总分类账

会计科目及编号：　　　　　　　　　　　　　　　　　　　　　　第　　页

年		记账凭证		摘要	借　　方												√	贷　　方												√	借或贷	余　　额												√
月	日	字	号		十	亿	千	百	十	万	千	百	十	元	角	分		十	亿	千	百	十	万	千	百	十	元	角	分			十	亿	千	百	十	万	千	百	十	元	角	分	

总分类账

第　　页

会计科目及编号：

年		记账凭证		摘要	借方										贷方										√	借或贷	余额										√
					十	亿	千	百	十	万	千	百	十	元	角	分	十	亿	千	百	十	万	千	百	十	元	角	分			十	亿	千	百	十	万	千	百	十	元	角	分	
月	日	字	号																																									

总分类账

会计科目及编号：　　　　　　　　　　　　　　　　　　　　　　　　　　　　　第　　页

年		记账凭证		摘要	借方											√	贷方											√	借或贷	余额											√
月	日	字	号		十	亿	千	百	十	万	千	百	十	元	角	分		十	亿	千	百	十	万	千	百	十	元	角	分		借或贷	十	亿	千	百	十	万	千	百	十	元	角	分	

附录

243

总分类账

第 页

会计科目及编号：

年		记账凭证		摘要	借方										√	贷方										√	借或贷	余额										√
月	日	字	号		十	亿	千	百	万	十	千	百	十	元	角	分	十	亿	千	百	万	十	千	百	十	元	角	分		十	亿	千	百	万	十	千	百	十	元	角	分

总分类账

会计科目及编号：　　　　　　　　　　　　　　　　　　　　　　　第　　页

年		记账凭证		摘要	借方										√	贷方										√	借或贷	余额										√
月	日	字	号		十	亿	千	百	万	千	百	十	元	角	分		十	亿	千	百	万	千	百	十	元	角	分		十	亿	千	百	万	千	百	十	元	角	分	

附录

245

总分类账

第　　页

会计科目及编号：

年		记账凭证		摘要	借　方											√	贷　方											√	借或贷	余　额											√
月	日	字	号		十	亿	千	百	十	万	千	百	十	元	角	分		十	亿	千	百	十	万	千	百	十	元	角	分			十	亿	千	百	十	万	千	百	十	元	角	分	

总分类账

会计科目及编号：

年		记账凭证		摘要	借方										✓	贷方										✓	借或贷	余额										✓
月	日	字	号		十	亿	千	百	十	万	千	百	十	元	角	分	十	亿	千	百	十	万	千	百	十	元	角	分		十	亿	千	百	十	万	千	百	十	元	角	分	

总分类账

会计科目及编号：

第 页

年		记账凭证		摘要	借 方									√	贷 方									√	借或贷	余 额									√
月	日	字	号		十	亿	千	百	十	万	千	百	十	元	角	分		十	亿	千	百	十	万	千	百	十	元	角	分			十	亿	千	百	十	万	千	百	十	元	角	分	

总分类账

会计科目及编号：

第　页

年		记账凭证		摘要	借方									贷方									借或贷	余额									√
月	日	字	号		十	亿	千	百	十	万	千	百	十	元	角	分	√	十	亿	千	百	十	万	千	百	十	元	角	分	√		十	亿	千	百	十	万	千	百	十	元	角	分	√

中级财务会计实训实训教程

总分类账

第　页

会计科目及编号：

年		记账凭证		摘要	借方											√	贷方											√	借或贷	余额											√
月	日	字	号		十	亿	千	百	万	千	百	十	元	角	分		十	亿	千	百	万	千	百	十	元	角	分			十	亿	千	百	万	千	百	十	元	角	分	

总分类账

会计科目及编号：

第 页

年		记账凭证		摘要	借方										√	贷方										√	借或贷	余额										√
月	日	字	号		十亿	千	百	十	万	千	百	十	元	角	分		十亿	千	百	十	万	千	百	十	元	角	分			十亿	千	百	十	万	千	百	十	元	角	分	

总分类账

会计科目及编号：

第 页

年		记账凭证		摘要	借方											贷方											借或贷	余额											√
月	日	字	号		√ 十	亿	千	百	十	万	千	百	十	元	角	分	√ 十	亿	千	百	十	万	千	百	十	元	角	分		十	亿	千	百	十	万	千	百	十	元	角	分	√

总分类账

会计科目及编号：

年		记账凭证	摘要	借方											✓	贷方											借或贷	✓	余额											✓
月	日	字号		十	亿	千	百	十	万	千	百	十	元	角	分		十	亿	千	百	十	万	千	百	十	元	角	分			十	亿	千	百	十	万	千	百	十	元	角	分	

总分类账

会计科目及编号：

第　　页

年		记账凭证		摘要	借方										√	贷方										√	借或贷	余额										√
月	日	字	号		十	亿	千	百	十	万	千	百	十	元	角	分		十	亿	千	百	十	万	千	百	十	元	角	分			十	亿	千	百	十	万	千	百	十	元	角	分	

总分类账

会计科目及编号：

第　页

年		记账凭证		摘要	借方											√	贷方											√	借或贷	余额											√
月	日	字	号		十	亿	千	百	十	万	千	百	十	元	角	分		十	亿	千	百	十	万	千	百	十	元	角	分			十	亿	千	百	十	万	千	百	十	元	角	分	

总分类账

第　　　页

会计科目及编号：

年		记账凭证		摘要	借方											贷方											借或贷	余额											√
月	日	字	号		十	亿	千	百	十	万	千	百	十	元	角	分	√	十	亿	千	百	十	万	千	百	十	元	角	分	√	十	亿	千	百	十	万	千	百	十	元	角	分

总分类账

会计科目及编号：　　　　　　　　　　　　　　　　　　　　　　　　　　　　　　第　　页

年		记账凭证		摘要	借　方										√	贷　方										√	借或贷	余　额										√
月	日	字	号		十	亿	千	百	十	万	千	百	十	元	角	分		十	亿	千	百	十	万	千	百	十	元	角	分			十	亿	千	百	十	万	千	百	十	元	角	分	

总分类账

第　　页

会计科目及编号：

年		记账凭证		摘要	借方											√	贷方											√	借或贷	余额											√
月	日	字	号		十	亿	千	百	十	万	千	百	十	元	角	分		十	亿	千	百	十	万	千	百	十	元	角	分			十	亿	千	百	十	万	千	百	十	元	角	分	

总分类账

会计科目及编号：　　　　　　　　　　　　　　　　　　　　　　第　　页

年		记账凭证		摘要	借方											✓	贷方											✓	借或贷 ✓	余额											✓
月	日	字	号		十	亿	千	百	十	万	千	百	十	元	角	分	十	亿	千	百	十	万	千	百	十	元	角	分		十	亿	千	百	十	万	千	百	十	元	角	分

总分类账

会计科目及编号：

第 页

年		记账凭证	摘要	借方											√	贷方											√	借或贷	余额											√
月	日	字 号		十	亿	千	百	十	万	千	百	十	元	角	分		十	亿	千	百	十	万	千	百	十	元	角	分			十	亿	千	百	十	万	千	百	十	元	角	分	

总分类账

会计科目及编号： 　　　　　　　　　　　第　　页

年		记账凭证		摘要	借方												√	贷方												√	借或贷	余额												√
月	日	字	号		十	亿	千	百	十	万	千	百	十	元	角	分		十	亿	千	百	十	万	千	百	十	元	角	分			十	亿	千	百	十	万	千	百	十	元	角	分	

总分类账

第　　页

会计科目及编号：

年		记账凭证		摘要	借方											✓	贷方											✓	借或贷	余额											✓
月	日	字	号		十	亿	千	百	十	万	千	百	十	元	角	分		十	亿	千	百	十	万	千	百	十	元	角	分			十	亿	千	百	十	万	千	百	十	元	角	分	

总分类账

会计科目及编号：

第 页

年		记账凭证		摘要	借方											√	贷方											√	借或贷	余额											√
月	日	字	号		十	亿	千	百	十	万	千	百	十	元	角	分		十	亿	千	百	十	万	千	百	十	元	角	分			十	亿	千	百	十	万	千	百	十	元	角	分	

总分类账

会计科目及编号：

第　页

年		记账凭证		摘要	借方										√	贷方										√	借或贷	余额										√
月	日	字	号		十	亿	千	百	十	万	千	百	十	元	角	分		十	亿	千	百	十	万	千	百	十	元	角	分			十	亿	千	百	十	万	千	百	十	元	角	分	

总分类账

会计科目及编号：　　　　　　　　　　　　　　　　　　　第　　页

年		记账凭证		摘要	借方											√	贷方											借或贷	√	余额											√
月	日	字	号		十	亿	千	百	十	万	千	百	十	元	角	分		十	亿	千	百	十	万	千	百	十	元	角	分			十	亿	千	百	十	万	千	百	十	元	角	分	

总分类账

会计科目及编号：

第　　　页

年		记账凭证		摘要	借方										√	贷方										√	借或贷	余额										√
月	日	字	号		十	亿	千	百	十	万	千	百	十	元	角	分		十	亿	千	百	十	万	千	百	十	元	角	分			十	亿	千	百	十	万	千	百	十	元	角	分	

总分类账

第　页

会计科目及编号：

年		记账凭证		摘要	借　方									√	贷　方									√	借或贷	余　额									√
月	日	字	号		十	亿	千	百	十	万	千	百	十	元	角	分	十	亿	千	百	十	万	千	百	十	元	角	分	十	亿	千	百	十	万	千	百	十	元	角	分

总分类账

会计科目及编号：　　　　　　　　　　　　　　　　　　　　　　　　　　　　第　　页

年		记账凭证		摘要	借方												√	贷方												√	借或贷	余额												√
月	日	字	号		十	亿	千	百	十	万	千	百	十	元	角	分		十	亿	千	百	十	万	千	百	十	元	角	分			十	亿	千	百	十	万	千	百	十	元	角	分	

总分类账

第　页

合计科目及编号：

年		记账凭证		摘要	借方											√	贷方											√	借或贷	余额											√
月	日	字	号		十	亿	千	百	十	万	千	百	十	元	角	分		十	亿	千	百	十	万	千	百	十	元	角	分			十	亿	千	百	十	万	千	百	十	元	角	分	

总分类账

第 页

会计科目及编号：

年		记账凭证		摘要	借 方										贷 方										借或贷	余 额										√
月	日	字	号		十	亿	千	百	十	万	千	百	十	元	角	分	十	亿	千	百	十	万	千	百	十	元	角	分	十	亿	千	百	十	万	千	百	十	元	角	分

总分类账

会计科目及编号：

第 页

年		记账凭证		摘要	借方										√	贷方										√	借或贷	余额										√
月	日	字	号		十	亿	千	百	十	万	千	百	十	元	角	分		十	亿	千	百	十	万	千	百	十	元	角	分			十	亿	千	百	十	万	千	百	十	元	角	分	

总分类账

会计科目及编号：　　　　　　　　　　　　　　　　　　　　　　　　　第　　页

年		记账凭证		摘要	借　方											√	贷　方											√	借或贷	余　额											√
月	日	字	号		十	亿	千	百	十	万	千	百	十	元	角	分		十	亿	千	百	十	万	千	百	十	元	角	分			十	亿	千	百	十	万	千	百	十	元	角	分	

总分类账

会计科目及编号：

第　　　页

年		记账凭证		摘要	借方											√	贷方											√	借或贷	余额											√
月	日	字	号		十	亿	千	百	十	万	千	百	十	元	角	分		十	亿	千	百	十	万	千	百	十	元	角	分			十	亿	千	百	十	万	千	百	十	元	角	分	

总分类账

会计科目及编号：　　　　　　　　　　　　　　　　第　　页

年		记账凭证		摘要	借方												√	贷方												√	借或贷	余额												√
月	日	字	号		十	亿	千	百	十	万	千	百	十	元	角	分		十	亿	千	百	十	万	千	百	十	元	角	分			十	亿	千	百	十	万	千	百	十	元	角	分	

总分类账

会计科目及编号：

第　　　页

年		记账凭证		摘要	借方											√	贷方											借或贷	余额											√
月	日	字	号		十亿	千	百	十	万	千	百	十	元	角	分		十亿	千	百	十	万	千	百	十	元	角	分		十亿	千	百	十	万	千	百	十	元	角	分	

总分类账

会计科目及编号：

第   页

年		记账凭证		摘要	借方										√	贷方										√	借或贷	余额										√
月	日	字	号		十	亿	千	百	十	万	千	百	十	元	角	分		十	亿	千	百	十	万	千	百	十	元	角	分			十	亿	千	百	十	万	千	百	十	元	角	分	

中级财务会计实训教程

总分类账

第 　　页

会计科目及编号：

年		记账凭证		摘要	借方												✓	贷方												✓	借或贷	余额												✓
月	日	字	号		十	亿	千	百	十	万	千	百	十	元	角	分		十	亿	千	百	十	万	千	百	十	元	角	分			十	亿	千	百	十	万	千	百	十	元	角	分	

总分类账

第　页

会计科目及编号：

年		记账凭证		摘要	借方										√	贷方										√	借或贷	余额										√
月	日	字	号		十	亿	千	百	十	万	千	百	十	元	角	分		十	亿	千	百	十	万	千	百	十	元	角	分			十	亿	千	百	十	万	千	百	十	元	角	分	

总分类账

会计科目及编号：　　　　　　　　　　　　　　　　　　　　　　　　　　　　　　　第　　页

年		记账凭证		摘要	借方											√	贷方											√	借或贷	余额											√
月	日	字	号		十	亿	千	百	十	万	千	百	十	元	角	分		十	亿	千	百	十	万	千	百	十	元	角	分			十	亿	千	百	十	万	千	百	十	元	角	分	

附录

279

中级财务会计实训教程

总分类账

第　页

会计科目及编号：

年		记账凭证		摘要	借方											√	贷方											√	借或贷	余额											√
月	日	字	号		十	亿	千	百	十	万	千	百	十	元	角	分		十	亿	千	百	十	万	千	百	十	元	角	分			十	亿	千	百	十	万	千	百	十	元	角	分	

库存现金日记账

年 月	日	凭证 字	号	摘要	对方科目	借方 亿千百十万千百十元角分 √	贷方 亿千百十万千百十元角分 √	借或贷	余额 亿千百十万千百十元角分 √

库存现金日记账

2

年		凭证		摘要	对方科目	借 方									√	贷 方									√	借或贷	余 额									√
月	日	字	号			亿	千	百	十	万	千	百	十	元	角	分	亿	千	百	十	万	千	百	十	元	角	分		亿	千	百	十	万	千	百	十	元	角	分	

库存现金日记账

年		凭证		摘要	对方科目	借方									贷方									借或贷	余额									√
月	日	字	号			亿	千	百	十	万	千	百	十	元	角	分	√	亿	千	百	十	万	千	百	十	元	角	分	√	亿	千	百	十	万	千	百	十	元	角	分

3

附录

283

银行存款日记账

户名

年		凭证		支票		对方科目	摘要	借 方										贷 方										借或贷	余 额									
月	日	字	号	类	号			亿	千	百	十	万	千	百	十	元	角	分	亿	千	百	十	万	千	百	十	元	角	分		亿	千	百	十	万	千	百	十	元	角	分

银行存款日记账

账号 _____ 户名 _____ 2

年		凭证		支票		对方科目	摘要	借　方										√	贷　方										√	借或贷 √	余　额										√
月	日	字	号	类	号			亿	千	百	十	万	千	百	十	元	角	分		亿	千	百	十	万	千	百	十	元	角	分			亿	千	百	十	万	千	百	十	元	角	分

银行存款日记账

账号   户名   3

| 年 | | 凭证 | | 支票 | | 对方科目 | 摘要 | 借方 | | | | | | | | | | 贷方 | | | | | | | | | | 借或贷 | 余额 | | | | | | | | | | √ |
月	日	字	号	类	号			亿	千	百	十	万	千	百	十	元	角	分	亿	千	百	十	万	千	百	十	元	角	分	√	亿	千	百	十	万	千	百	十	元	角	分	

银行存款日记账

账号 _____

户名 _____

年		凭证		支票		对方科目	摘要	借 方										贷 方										借或贷	余 额									
月	日	字	号	类	号			亿	千	百	十	万	千	百	十	元	角	分	亿	千	百	十	万	千	百	十	元	角	分	√	亿	千	百	十	万	千	百	十	元	角	分

银行存款日记账

5

账号　　　　户名

年		凭证		支票		对方科目	摘要	借方											户名 √	贷方											√	借或贷	余额											√
月	日	字	号	类	号			亿	千	百	十	万	千	百	十	元	角	分		亿	千	百	十	万	千	百	十	元	角	分			亿	千	百	十	万	千	百	十	元	角	分	

明细账

总账户名：

第　页

年		记账凭证		摘要	借　方									√	贷　方									√	借或贷	余　额									√
月	日	字	号		十	亿	千	百	万	千	十	元	角	分		十	亿	千	百	万	千	十	元	角	分			十	亿	千	百	万	千	十	元	角	分	

明细账

第　页

总账户名：

年		记账凭证		摘要	借　方										贷　方										借或贷	余　额										√
月	日	字	号		十	亿	千	百	十	万	千	百	十	元	角	分	十	亿	千	百	十	万	千	百	十	元	角	分		十	亿	千	百	十	万	千	百	十	元	角	分	

明细账

总账户名：　　　　　　　　　　　　　　　　　　　　　　　　　　　　　　　第　　页

| 年 | | 记账凭证 | | 摘要 | 借　方 | | | | | | | | | | | √ | 贷　方 | | | | | | | | | | | √ | 借或贷 | 余　额 | | | | | | | | | | | √ |
月	日	字	号		十	亿	千	百	十	万	千	百	十	元	角	分		十	亿	千	百	十	万	千	百	十	元	角	分			十	亿	千	百	十	万	千	百	十	元	角	分	

附录

291

明细账

第　　页

总账户名：

年		记账凭证		摘要	借方										√	贷方										√	借或贷	余额										√
月	日	字	号		十	亿	千	百	十	万	千	百	十	元	角	分	十	亿	千	百	十	万	千	百	十	元	角	分		十	亿	千	百	十	万	千	百	十	元	角	分	

明细账

总账户名：　　　　　　　　　　　　　　　　　　　　　　　　　　第　　页

年		记账凭证		摘要	借方											√	贷方											√	借或贷	余额											√
月	日	字	号		十	亿	千	百	万	千	百	十	元	角	分		十	亿	千	百	万	千	百	十	元	角	分			十	亿	千	百	万	千	百	十	元	角	分	

明细账

总账户名：

第　　页

年		记账凭证		摘要	借　方											贷　方											借或贷	余　额											√
月	日	字	号		十	亿	千	百	十	万	千	百	十	元	角	分	十	亿	千	百	十	万	千	百	十	元	角	分	√	十	亿	千	百	十	万	千	百	十	元	角	分	√

明细账

总账户名：　　　第　　页

| 年 | | 记账凭证 | | 摘要 | 借方 | | | | | | | | | | | 贷方 | | | | | | | | | | | 借或贷 | 余额 | | | | | | | | | | | √ |
月	日	字	号		十	亿	千	百	十	万	千	百	十	元	角	分	√	十	亿	千	百	十	万	千	百	十	元	角	分	√		十	亿	千	百	十	万	千	百	十	元	角	分	√

明细账

总账户名：　　　　　　　　　　　　　　　　　　　　　　　　　　　　　　　第　　页

年		记账凭证	摘要	借　方											贷　方											借或贷	余　额											√
月	日	字 号		十	亿	千	百	十	万	千	百	十	元	角	分	十	亿	千	百	十	万	千	百	十	元	角	分	借或贷	十	亿	千	百	十	万	千	百	十	元	角	分	√

明细账

总账户名：

第 页

年		记账凭证		摘要	借　方											√	贷　方											√	借或贷	余　额											√
月	日	字	号		十	亿	千	百	十	万	千	百	十	元	角	分		十	亿	千	百	十	万	千	百	十	元	角	分			十	亿	千	百	十	万	千	百	十	元	角	分	

明细账

总账户名：　　　　　　　　　　　　　　　　　　　　　　　　　　　　第　　页

| 年 | | 记账凭证 | 摘要 | 借方 | | | | | | | | | | 贷方 | | | | | | | | | | 借或贷 | 余额 | | | | | | | | | | √ |
月	日	字	号		十	亿	千	百	十	万	千	百	十	元	角	分	√	十	亿	千	百	十	万	千	百	十	元	角	分	√		十	亿	千	百	十	万	千	百	十	元	角	分

明细账

总账户名：

第 页

年		记账凭证	摘要	借 方										贷 方										借或贷	余 额										√
月	日	字 号		十	亿	千	百	十	万	千	百	十	元	角	分	√	十	亿	千	百	十	万	千	百	十	元	角	分	√	十	亿	千	百	十	万	千	百	十	元	角	分

明细账

总账户名：　　　　　　　　　　　　　　　　　　　　　　　　　　第　　页

年		记账凭证		摘要	借方										√	贷方										√	借或贷	余额										√
月	日	字	号		十	亿	千	百	十	万	千	百	十	元	角	分		十	亿	千	百	十	万	千	百	十	元	角	分		十	亿	千	百	十	万	千	百	十	元	角	分	

明细账

第 页

总账户名：

年		记账凭证		摘要	借方											√	贷方											√	借或贷	余额											√
月	日	字	号		十	亿	千	百	十	万	千	百	十	元	角	分		十	亿	千	百	十	万	千	百	十	元	角	分			十	亿	千	百	十	万	千	百	十	元	角	分

明细账

总账户名：

第 页

年		记账凭证		摘要	借方											贷方											借或贷	余额											√
月	日	字	号		十	亿	千	百	十	万	千	百	十	元	角	分	√	十	亿	千	百	十	万	千	百	十	元	角	分	√		十	亿	千	百	十	万	千	百	十	元	角	分

明细账

第　页

总账户名：

年		记账凭证		摘要	借方											√	贷方											√	借或贷	余额											√
月	日	字	号		十	亿	千	百	十	万	千	百	十	元	角	分		十	亿	千	百	十	万	千	百	十	元	角	分			十	亿	千	百	十	万	千	百	十	元	角	分	

附录

303

明细账

第　页

总账户名：

年		记账凭证	摘要	借　方										贷　方										借或贷	余　额										
月	日	字 号		十	亿	千	百	十	万	千	百	十	元	角	分	√	十	亿	千	百	十	万	千	百	十	元	角	分	√	十	亿	千	百	十	万	千	百	十	元	角	分	√

明细账

第 页

总账户名：

年		记账凭证		摘要	借方												贷方												借或贷	余额											
月	日	字	号		十	亿	千	百	十	万	千	百	十	元	角	分	√	十	亿	千	百	十	万	千	百	十	元	角	分	√	借或贷	十	亿	千	百	十	万	千	百	十	元	角	分	√

明细账

第　　页

总账户名：

年		记账凭证		摘要	借　方										贷　方										借或贷	余　额										√
月	日	字	号		十	亿	千	百	十	万	千	百	十	元	角	分	√	十	亿	千	百	十	万	千	百	十	元	角	分	√		十	亿	千	百	十	万	千	百	十	元	角	分

明细账

总账户名：

第 页

记账凭证		摘要	借　方											贷　方											借或贷	余　额											√
年			√	十	亿	千	百	十	万	千	百	十	元	角	分	√	十	亿	千	百	十	万	千	百	十	元	角	分		十	亿	千	百	十	万	千	百	十	元	角	分	√
月	日	字 号																																								

明细账

总账户名：　　　　　　　　　　　　　　　　　　　　　　第　　　页

年		记账凭证		摘要	借方											✓	贷方											✓	借或贷	余额											✓
月	日	字	号		十	亿	千	百	十	万	千	百	十	元	角	分		十	亿	千	百	十	万	千	百	十	元	角	分			十	亿	千	百	十	万	千	百	十	元	角	分	

明细账

总账户名：

第　　　页

记账凭证		摘要	借　方										√	贷　方										√	借或贷	余　额										√
年			十	亿	千	百	十	万	千	百	十	元	角	分		十	亿	千	百	十	万	千	百	十	元	角	分			十	亿	千	百	十	万	千	百	十	元	角	分	
月	日	字	号																																								

明细账

总账户名：　　　　　　　　　　　　　　　　　　　　　　　　第　　页

年		记账凭证		摘要	借方										√	贷方										√	借或贷	余额										√
月	日	字	号		十	亿	千	百	十	万	千	百	十	元	角	分		十	亿	千	百	十	万	千	百	十	元	角	分			十	亿	千	百	十	万	千	百	十	元	角	分	

明细账

总账户名：

第　页

年		记账凭证	摘要	借　方										√	贷　方										√	借或贷	余　额										√
月	日	字号		十	亿	千	百	万	千	百	十	元	角	分		十	亿	千	百	万	千	百	十	元	角	分			十	亿	千	百	万	千	百	十	元	角	分	

中级财务会计实训教程

明细账

第　　页

总账户名：

年		记账凭证		摘要	借方											√	贷方											√	借或贷	余额											√
月	日	字	号		十亿	千	百	十	万	千	百	十	元	角	分		十亿	千	百	十	万	千	百	十	元	角	分			十亿	千	百	十	万	千	百	十	元	角	分	

明细账

总账户名：　　　　　　　　　　　　　　　　　　第　页

年		记账凭证	摘要	借方											√	贷方											√	借或贷	余额											√
月	日	字号		十	亿	千	百	十	万	千	百	十	元	角	分		十	亿	千	百	十	万	千	百	十	元	角	分		十	亿	千	百	十	万	千	百	十	元	角	分	

明细账

第　　页

年		记账凭证		摘要	借方										√	贷方										√	借或贷	余额										√
月	日	字	号		十	亿	千	百	十	万	千	百	十	元	角	分		十	亿	千	百	十	万	千	百	十	元	角	分			十	亿	千	百	十	万	千	百

明细账

总账户名：   第　页

年		记账凭证		摘要	借方											√	贷方											√	借或贷	余额											√
月	日	字	号		十	亿	千	百	十	万	千	百	十	元	角	分		十	亿	千	百	十	万	千	百	十	元	角	分			十	亿	千	百	十	万	千	百	十	元	角	分	

中级财务会计实训教程

明细账

第　页

总账户名：

年 月 日	记账凭证 字 号	摘要	√	借方 十亿千百十万千百十元角分	√	贷方 十亿千百十万千百十元角分	借或贷	√	余额 十亿千百十万千百十元角分

明细账

总账户名：　　　　　　　　　　　　　　　　　　　　　　　第　　页

年		记账凭证	摘要	借方										√	贷方										√	借或贷	余额										√
月	日	字号		十	亿	千	百	万	千	百	十	元	角	分		十	亿	千	百	万	千	百	十	元	角	分		十	亿	千	百	万	千	百	十	元	角	分	

明细账

总账户名：　　　第　　　页

年		记账凭证		摘要	借方										√	贷方										√	借或贷	余额										√
月	日	字	号		十	亿	千	百	十	万	千	百	十	元	角	分		十	亿	千	百	十	万	千	百	十	元	角	分		十	亿	千	百	十	万	千	百	十	元	角	分	

明细账

总账户名：

第　页

年		记账凭证		摘要	借　方										贷　方										借或贷	余　额										√
月	日	字	号		十	亿	千	百	十	万	千	百	十	元	角	分	√	十	亿	千	百	十	万	千	百	十	元	角	分	√		十	亿	千	百	十	万	千	百	十	元	角	分	√

明细账

总账户名: 　　　　　　　　　　　　　　　　　　　第　页

年		记账凭证		摘要	借方												贷方												借或贷	余额											
月	日	字	号		✓	十	亿	千	百	十	万	千	百	十	元	角	分	✓	十	亿	千	百	十	万	千	百	十	元	角	分	✓	十	亿	千	百	十	万	千	百	十	元	角	分	✓

中级财务会计实训教程

明细账

总账户名：

第　　　页

年		记账凭证		摘要	借方										√	贷方										√	借或贷	余额										√
月	日	字	号		十	亿	千	百	十	万	千	百	十	元	角	分		十	亿	千	百	十	万	千	百	十	元	角	分			十	亿	千	百	十	万	千	百	十	元	角	分	

中级财务会计实训教程

明细账

总账户名：　　　　　　　　　　　　　　　　　　　　　　　　第　　页

年		记账凭证 字号	摘要	借方											√	贷方											√	借或贷	余额											√
月	日			十	亿	千	百	十	万	千	百	十	元	角	分		十	亿	千	百	十	万	千	百	十	元	角	分			十	亿	千	百	十	万	千	百	十	元	角	分	

明细账

第　　　页

总账户名:

年		记账凭证	摘要	借方										√	贷方										√	借或贷	余额										√
月	日	字号		十	亿	千	百	万	千	百	十	元	角	分		十	亿	千	百	万	千	百	十	元	角	分		十	亿	千	百	万	千	百	十	元	角	分

明细账

总账户名：＿＿＿＿＿＿＿   第＿＿页

| 年 | | 记账凭证 | | 摘要 | 借　方 | | | | | | | | | | 贷　方 | | | | | | | | | | 借或贷 | 余　额 | | | | | | | | | | √ |
月	日	字	号		十	亿	千	百	十	万	千	百	十	元	角	分	√	十	亿	千	百	十	万	千	百	十	元	角	分	√		十	亿	千	百	十	万	千	百	十	元	角	分	√

明细账

总账户名：

年		记账凭证		摘要	借方											贷方											借或贷	第 页 余额											
月	日	字	号		十	亿	千	百	十	万	千	百	十	元	角	分	十	亿	千	百	十	万	千	百	十	元	角	分		十	亿	千	百	十	万	千	百	十	元	角	分

明细账

总账户名：_____ 第　页

年		记账凭证		摘要	借　方										贷　方										借或贷	余　额										√
月	日	字	号		十	亿	千	百	十	万	千	百	十	元	角	分	√	十	亿	千	百	十	万	千	百	十	元	角	分	√		十	亿	千	百	十	万	千	百	十	元	角	分	√

明细账

总账户名：

年月日	记账凭证 字 号	摘要	借方 十亿千百十万千百十元角分	√	贷方 十亿千百十万千百十元角分	√	借或贷	第 页 余额 十亿千百十万千百十元角分	√

中级财务会计实务实训教程

明细账

第　　页

总账户名：

年		记账凭证		摘要	借方												贷方												借或贷	余额											
月	日	字	号		十	亿	千	百	十	万	千	百	十	元	角	分	十	亿	千	百	十	万	千	百	十	元	角	分		十	亿	千	百	十	万	千	百	十	元	角	分
																√												√													√

明细账

总账户名：　　　　　　　　　　　　　　　　　　　　　　　　　　第　　页

| 年 | | 记账凭证 | | 摘要 | 借方 | | | | | | | | | | 贷方 | | | | | | | | | | 借或贷 | 余额 | | | | | | | | | | √ |
月	日	字	号		十亿	千	百	十	万	千	百	十	元	角	分	十亿	千	百	十	万	千	百	十	元	角	分		十亿	千	百	十	万	千	百	十	元	角	分	

明细账

总账户名：　　　　　　　　　　　　　　　　　　　　　　　　　　　　　　　第　　页

年		记账凭证		摘要	借方										√	贷方										√	借或贷	余额										√
月	日	字	号		十	亿	千	百	十	万	千	百	十	元	角	分		十	亿	千	百	十	万	千	百	十	元	角	分			十	亿	千	百	十	万	千	百	十	元	角	分	

明细账

总账户名：

第　　页

年		记账凭证	摘要	借　方											✓	贷　方											✓	借或贷	余　额											✓
月	日	字号		十	亿	千	百	十	万	千	百	十	元	角	分		十	亿	千	百	十	万	千	百	十	元	角	分			十	亿	千	百	十	万	千	百	十	元	角	分

明细账

总账户名：											第　页											

年		记账凭证		摘要	借　方										贷　方										借或贷	余　额										√
月	日	字	号		十	亿	千	百	十	万	千	百	十	元	角	分	√	十	亿	千	百	十	万	千	百	十	元	角	分	√	十	亿	千	百	十	万	千	百	十	元	角	分	√

明细账

总账户名：　　　　　　　　　　　　　　　　　　　　　　　　　　　第　　页

年		记账凭证		摘要	借　方											√	贷　方											√	借或贷	余　额											√
月	日	字	号		十	亿	千	百	十	万	千	百	十	元	角	分		十	亿	千	百	十	万	千	百	十	元	角	分			十	亿	千	百	十	万	千	百	十	元	角	分	

明细账

第　页

总账户名：

年		记账凭证		摘要	借　方										贷　方										借或贷	余　额										√
月	日	字	号		十	亿	千	百	十	万	千	百	十	元	角	分	十	亿	千	百	十	万	千	百	十	元	角	分		十	亿	千	百	十	万	千	百	十	元	角	分	

明细账

第　页

编号：　类别：　规格：　单位：　存放地点：　计划单价：

| 最高储存量 | |
| 最低储存量 | |

年		凭证		摘要	收入		金额									发出		金额									结存		金额								
月	日	字	号		数量	单价	百	十	万	千	百	十	元	角	分	数量	单价	百	十	万	千	百	十	元	角	分	数量	单价	百	十	万	千	百	十	元	角	分

明细账

第　　　　　　页

编号：　　类别：　　规格：　　单位：　　存放地点：　　计划单价：

最高储存量	
最低储存量	

年		凭证		摘要	收入			发出			结存		
月	日	字	号		数量	单价	金额（万千百十元角分）	数量	单价	金额（万千百十元角分）	数量	单价	金额（百十万千百十元角分）

明细账

最高储存量	
最低储存量	

编号：　　类别：　　规格：　　单位：　　存放地点：　　计划单价：

第　　页

年		凭证		摘要	收入											发出											结存										
月	日	字	号		数量	单价	金额										数量	单价	金额									数量	单价	金额								
							百	十	万	千	百	十	元	角	分			百	十	万	千	百	十	元	角	分			百	十	万	千	百	十	元	角	分

中级财务会计论计学三教程

明细账

第　　页

编号：　　　类别：　　　规格：　　　单位：　　　存放地点：　　　计划单价：

最高储存量	
最低储存量	

年		凭证		摘要	收　入										发　出										结　存									
月	日	字	号		数量	单价	金　额								数量	单价	金　额								数量	单价	金　额							
							万	千	百	十	元	角	分			万	千	百	十	元	角	分				万	千	百	十	元	角	分	

明细账

第　　页

明细账 第 页

年		记账凭证		摘要	合计金额	金额	金额	金额	金额	金额	√
月	日	字	号		百十万千百十元角分	十万千百十元角分	十万千百十元角分	十万千百十元角分	十万千百十元角分	万千百十元角分	

明细账

年		记账凭证		摘要	合 计 金 额									金 额								金 额								金 额								金 额								金 额								√
月	日	字	号		百	十	万	千	百	十	元	角	分	十	万	千	百	十	元	角	分	十	万	千	百	十	元	角	分	十	万	千	百	十	元	角	分	十	万	千	百	十	元	角	分	十	万	千	百	十	元	角	分	

第 页

附录

341

明细账

年		记账凭证	摘要	合计金额									金额									金额									金额									金额									金额									✓
月	日	字号		百	十	万	千	百	十	元	角	分	十	万	千	百	十	元	角	分	十	万	千	百	十	元	角	分	十	万	千	百	十	元	角	分	十	万	千	百	十	元	角	分	十	万	千	百	十	元	角	分	

应交税费——应交增值税明细账

年		记账凭证		摘要	借方																				贷方																															借或贷	余额									√
月	日	字	号		进项税额									已交税金									销项税额									出口退税									进项税额转出																				
					百	十	万	千	百	十	元	角	分	百	十	万	千	百	十	元	角	分	百	十	万	千	百	十	元	角	分	百	十	万	千	百	十	元	角	分	百	十	万	千	百	十	元	角	分		百	十	万	千	百	十	元	角	分	

应交税费——应交增值税明细账

年	记账凭证	摘要	借方																												贷方																																借或贷	余额									
月 日	字 号		进项税额									已交税金										销项税额										出口退税										进项税额转出											百 十 万 千 百 十 元 角 分									
			百	十	万	千	百	十	元	角	分	百	十	万	千	百	十	元	角	分	百	十	万	千	百	十	元	角	分	百	十	万	千	百	十	元	角	分	百	十	万	千	百	十	元	角	分		百	十	万	千	百	十	元	角	分

三、科目汇总表、试算平衡表

科目汇总表

记账凭证起讫号数自　　号至　　号
　年　月　日至　日

汇字第　　号

会计科目	本期发生额	
	借方	贷方
合　计		

会计主管：　　　　记账：　　　　复核：　　　　制单：

科目汇总表

记账凭证起讫号数自 　号至 　号
年 　月 　日至 　日

汇字第 　号

会计科目	本期发生额	
	借方	贷方
合　计		

会计主管：　　　　记账：　　　　复核：　　　　制单：

科目汇总表

记账凭证起讫号数自　号至　号

年　月　日至　日

汇字第　号

会计科目	本期发生额	
	借方	贷方
合　计		

会计主管：　　　　记账：　　　　复核：　　　　制单：

试算平衡表

年　月　日

账户名称	期初余额		本期发生额		期末余额	
	借方	贷方	借方	贷方	借方	贷方
合计						

试算平衡表

年　　月　　日

账户名称	期初余额		本期发生额		期末余额	
	借方	贷方	借方	贷方	借方	贷方
合计						

四、会计报表

资产负债表

编制单位：   年　月　日

会企 01 表
单位：元

资产	行次	期末余额	年初余额	负债和所有者权益（或股东权益）	行次	期末余额	年初余额
流动资产：				流动负债：			
货币资金	1			短期借款	33		
交易性金融资产	2			交易性金融负债	34		
应收票据	3			应付票据	35		
应收账款	4			应付账款	36		
预付款项	5			预收款项	37		
应收利息	6			应付职工薪酬	38		
应收股利	7			应交税费	39		
其他应收款	8			应付利息	40		
存货	9			应付股利	41		
其中：消耗性生物资产	10			其他应付款	42		
一年内到期的非流动资产	11			一年内到期的非流动负债	43		
其他流动资产	12			其他流动负债	44		
流动资产合计	13			流动负债合计	45		
非流动资产：				非流动负债：			
可供出售金融资产	14			长期借款	46		

资产	行次	期末余额	年初余额	负债和所有者权益（或股东权益）	行次	期末余额	年初余额
持有至到期投资	15			应付债券	47		
长期应收款	16			长期应付款	48		
长期股权投资	17			专项应付款	49		
投资性房地产	18			预计负债	50		
固定资产	19			递延所得税负债	51		
在建工程	20			其他非流动负债	52		
工程物资	21			非流动负债合计	53		
固定资产清理	22			负债合计	54		
生产性生物资产	23			所有者权益（或股东权益）：			
油气资产	24			实收资本（或股本）	55		
无形资产	25			资本公积	56		
开发支出	26			减：库存股	57		
商誉	27			盈余公积	58		
长期待摊费用	28			未分配利润	59		
递延所得税资产	29			所有者权益（或股东权益）合计	60		
其他非流动资产	30			负债和所有者权益（或股东权益）总计	61		
非流动资产合计	31						
资产总计	32						

单位负责人：　　　　　　　　财务主管：　　　　　　　　复核：　　　　　　　　制表：

357

利润表

会企 02 表

编制单位：　　　　　　　　　　　　　年　　月　　日　　　　　　　单位：元

项目	行次	本年金额	上年金额
一、营业收入	1		
减：营业成本	2		
营业税金及附加	3		
销售费用	4		
管理费用	5		
财务费用	6		
资产减值损失	7		
加：公允价值变动收益（损失以"–"号填列）	8		
投资收益（损失以"–"号填列）	9		
其中：对联营企业和合营企业的投资收益	10		
二、营业利润（亏损以"–"号填列）	11		
加：营业外收入	12		
减：营业外支出	13		
其中：非流动资产处置损失	14		
三、利润总额（亏损总额以"–"号填列）	15		
减：所得税费用	16		
四、净利润（净亏损以"–"号填列）	17		
五、每股收益			
（一）基本每股收益	18		
（二）稀释每股收益	19		

单位负责人：　　　　　　　　财务主管：　　　　　　　　复核：　　　　　　　　制表：

现金流量表

企会 03 表

编制单位：　　　　　　　　年　月　日　　　　　　　　　　　　单位：元

项　　目	行次	本期金额	上期金额
一、经营活动产生的现金流量：			
销售商品、提供劳务收到的现金	1		
收到的税费返还	2		
收到的其他与经营活动有关的现金	3		
经营活动现金流入小计	4		
购买商品、接受劳务支付的现金	5		
支付给职工以及为职工支付的现金	6		
支付的各项税费	7		
支付的其他与经营活动有关的现金	8		
经营活动现金流出小计	9		
经营活动产生的现金流量净额	10		
二、投资活动产生的现金流量：			
收回投资所收到的现金	11		
取得投资收益所收到的现金	12		
处置固定资产、无形资产和其他长期资产所收回的现金净额	13		
处置子公司及其他营业单位收到的现金金额	14		
收到的其他与投资活动有关的现金	15		
投资活动现金流入小计	16		
购建固定资产、无形资产和其他长期资产所支付的现金	17		
投资所支付的现金	18		
取得子公司及其他经营单位支付的现金净额	19		
支付的其他与投资活动有关的现金	20		
投资活动现金流出小计	21		
投资活动产生的现金流量净额	22		
三、筹资活动产生的现金流量：			
吸收投资所收到的现金	23		
借款所收到的现金	24		
收到的其他与筹资活动有关的现金	25		
筹资活动现金流入小计	26		
偿还债务所支付的现金	27		
分配股利、利润或偿付利息所支付的现金	28		
支付的其他与筹资活动有关的现金	29		
筹资活动现金流出小计	30		
筹资活动产生的现金流量净额	31		
四、汇率变动对现金的影响	32		
五、现金及现金等价物净增加额	33		
加：期初现金及现金等价物余额	34		
六、期末现金及现金等价物余额	35		

单位负责人：　　　　　　财务主管：　　　　　　　　复核：　　　　　　　　制表：

所有者权益（股东权益）变动表

年度

编制单位：　　　　　　　　　　　　　　　　　　　　　　　　　　　　　　　　　単位：元

项目	行次	本年金额						上年金额					
		实收资本（或股本）	资本公积	减：库存股	盈余公积	未分配利润	所有者权益合计	实收资本（或股本）	资本公积	减：库存股	盈余公积	未分配利润	所有者权益合计
一、上年年末余额	1												
加：会计政策变更	2												
前期差错更正	3												
二、本年年初余额	4												
三、本年增减变动金额（减少以"-"号填列）	5												
（一）净利润	6												
（二）直接计入所有者权益的利得和损失	7												
1.可供出售金融资产公允价值变动净额	8												
2.权益法下被投资单位所有者权益变动的影响	9												
3.与计入所有者权益项目相关的所得税影响	10												
4.其他	11												
上述（一）和（二）小计	12												
（三）所有者投入和减少资本	13												
1.所有者投入资本	14												
2.股份支付计入所有者权益的金额	15												
3.其他	16												
（四）利润分配	17												
1.提取盈余公积	18												
2.对所有者（或股东）的分配	19												
3.其他	20												
（五）所有者权益内部结转	21												
1.资本公积转增资本（或股本）	22												
2.盈余公积转增资本（或股本）	23												
3.盈余公积弥补亏损	24												
4.其他	25												
四、本年年末余额	26												

单位负责人：　　　　　　　　　　　财务主管：　　　　　　　　　　　复核：　　　　　　　　　　　制表：

说明

363

五、会计科目表

序号	科目编号	会计科目	适应行业
一、资产类			
1	1001	现金	
2	1002	银行存款	
3	1003	存放中央银行款项	银行专用
4	1011	存放同业	银行专用
5	1015	其他货币资金	
6	1021	结算备付金	证券专用
7	1031	存出保证金	金融共用
8	1051	拆出资金	金融共用
9	1101	交易性金融资产	
10	1111	买入返售金融资产	金融共用
11	1121	应收票据	
12	1122	应收账款	
13	1123	预付账款	
14	1131	应收股利	
15	1132	应收利息	
16	1211	应收保户储金	保险专用
17	1221	应收代位追偿款	保险专用
18	1222	应收分保账款	保险专用
19	1223	应收分保未到期责任准备金	保险专用
20	1224	应收分保保险责任准备金	保险专用
21	1231	其他应收款	
22	1241	坏账准备	
23	1251	贴现资产	银行专用
24	1301	贷款	银行和保险共用
25	1302	贷款损失准备	银行和保险共用
26	1311	代理兑付证券	银行和证券共用
27	1321	代理业务资产	
28	1401	材料采购	
29	1402	在途物资	
30	1403	原材料	
31	1404	材料成本差异	
32	1406	库存商品	
33	1407	发出商品	
34	1410	商品进销差价	
35	1411	委托加工物资	
36	1412	包装物及低值易耗品	
37	1421	消耗性生物资产	农业专用

序号	科目编号	会计科目	适应行业
38	1431	周转材料	建造承包商专用
39	1441	贵金属	银行专用
40	1442	抵债资产	金融共用
41	1451	损余物资	保险专用
42	1461	存货跌价准备	
43	1501	待摊费用	
44	1511	独立账户资产	保险专用
45	1521	持有至到期投资	
46	1522	持有至到期投资减值准备	
47	1523	可供出售金融资产	
48	1524	长期股权投资	
49	1525	长期股权投资减值准备	
50	1526	投资性房地产	
51	1531	长期应收款	
52	1541	未实现融资收益	
53	1551	存出资本保证金	保险专用
54	1601	固定资产	
55	1602	累计折旧	
56	1603	固定资产减值准备	
57	1604	在建工程	
58	1605	工程物资	
59	1606	固定资产清理	
60	1611	融资租赁资产	租赁专用
61	1612	未担保余值	租赁专用
62	1621	生产性生物资产	农业专用
63	1622	生产性生物资产累计折旧	农业专用
64	1623	公益性生物资产	农业专用
65	1631	油气资产	石油天然气开采专用
66	1632	累计折耗	石油天然气开采专用
67	1701	无形资产	
68	1702	累计摊销	
69	1703	无形资产减值准备	
70	1711	商誉	
71	1801	长期待摊费用	
72	1811	递延所得税资产	
73	1901	待处理财产损溢	
二、负债类			
74	2001	短期借款	
75	2002	存入保证金	金融共用
76	2003	拆入资金	金融共用
77	2004	向中央银行借款	银行专用

序号	科目编号	会计科目	适应行业
78	2011	同业存放	银行专用
79	2012	吸收存款	银行专用
80	2021	贴现负债	银行专用
81	2101	交易性金融负债	
82	2111	卖出回购金融资产款	金融共用
83	2201	应付票据	
84	2202	应付账款	
85	2205	预收账款	
86	2211	应付职工薪酬	
87	2221	应交税费	
88	2231	应付股利	
89	2232	应付利息	
90	2241	其他应付款	
91	2251	应付保户红利	保险专用
92	2261	应付分保账款	保险专用
93	2311	代理买卖证券款	证券专用
94	2312	代理承销证券款	证券和银行共用
95	2313	代理兑付证券款	证券和银行共用
96	2314	代理业务负债	
97	2401	预提费用	
98	2411	预计负债	
99	2501	递延收益	
100	2601	长期借款	
101	2602	长期债券	
102	2701	未到期责任准备金	保险专用
103	2702	保险责任准备金	保险专用
104	2711	保户储金	保险专用
105	2721	独立账户负债	保险专用
106	2801	长期应付款	
107	2802	未确认融资费用	
108	2811	专项应付款	
109	2901	递延所得税负债	
三、共同类			
110	3001	清算资金往来	银行专用
111	3002	外汇买卖	金融共用
112	3101	衍生工具	
113	3201	套期工具	
114	3202	被套期项目	
四、所有者权益类			
115	4001	实收资本	
116	4002	资本公积	

序号	科目编号	会计科目	适应行业
117	4101	盈余公积	
118	4102	一般风险准备	金融共用
119	4103	本年利润	
120	4104	利润分配	
121	4201	库存股	
五、成本类			
122	5001	生产成本	
123	5101	制造费用	
124	5201	劳务成本	
125	5301	研发支出	
126	5401	工程施工	建造承包商专用
127	5402	工程结算	建造承包商专用
128	5403	机械作业	建造承包商专用
六、损益类			
129	6001	主营业务收入	
130	6011	利息收入	金融共用
131	6021	手续费收入	金融共用
132	6031	保费收入	保险专用
133	6032	分保费收入	保险专用
134	6041	租赁收入	租赁专用
135	6051	其他业务收入	
136	6061	汇兑损益	金融专用
137	6101	公允价值变动损益	
138	6111	投资收益	
139	6201	摊回保险责任准备金	保险专用
140	6202	摊回赔付支出	保险专用
141	6203	摊回分保费用	保险专用
142	6301	营业外收入	
143	6401	主营业务成本	
144	6402	其他业务支出	
145	6405	营业税金及附加	
146	6411	利息支出	金融共用
147	6421	手续费支出	金融共用
148	6501	提取未到期责任准备金	保险专用
149	6502	提取保险责任准备金	保险专用
150	6511	赔付支出	保险专用
151	6521	保户红利支出	保险专用
152	6531	退保金	保险专用
153	6541	分出保费	保险专用
154	6542	分保费用	保险专用
155	6601	销售费用	

序号	科目编号	会计科目	适应行业
156	6602	管理费用	
157	6603	财务费用	
158	6604	勘探费用	
159	6701	资产减值损失	
160	6711	营业外支出	
161	6801	所得税	
162	6901	以前年度损益调整	